Alain Pelosato

La Chute 2

Mairie de Givors le dossier pénal
&
administratif
2003 - 2019

La Cour d'appel de Lyon

© Alain Pelosato 2019
sfm éditions
ISBN 9782915512328
978-2-915512-32-8
Dépôt légal avril 2019

Jugement de la
COUR D'APPEL DE LYON
7e chambre

Délibéré de la Cour d'Appel de Lyon du 11 avril 2019 :

**La cour rejette la requête de
Martial Passi et Muriel Passi épouse Goux,
et confirme donc leur culpabilité
en les déclarant COUPABLES !**
Les condamne :
M. Passi à 6 mois de prison avec sursis
et un an d'inéligibilité.
M. Goux née Passi à 4 mois de prison avec sursis...

Dans un communiqué, l'un des avocats de la défense, Me Versini-Campinchi, a annoncé que Martial Passi et Muriel Goux allaient se pourvoir en cassation. Ils "réfutent toujours toute culpabilité en l'espèce" selon l'avocat.

Or ceci est un mensonge car la cassation ne juge pas sur le fond mais sur la forme. Si elle casse le jugement, un autre procès aura lieu en cour d'appel ! Rendez-vous alors pour un « La Chute 3 ».

Affaire Passi/Goux : l'historique

Passi : la honte !
et *élus socialistes honteux...*

En janvier 2015, Muriel Goux, née Passi, sœur de Martial Passi le maire de Givors, et déjà depuis de nombreuses années directeur de cabinet du maire transmet à tout le personnel de la mairie un courrier annonçant sa nomination comme Directrice générale des services (DGS) de la mairie en remplacement de M. Fuentès. Personne n'a été informé des faits reprochés à M. Fuentès, faits qui auraient amené M. Passi à nommer sa sœur DGS.

De fait, Muriel Goux s'était déjà annoncée comme DGS dès l'été 2014. Dans des journaux d'information interne de la mairie et dans une lettre au personnel. Or elle était déjà directrice de cabinet, donc cumulait les deux fonctions. Suite à l'intervention de la CGT des employés municipaux, elle cessa de faire cette grave faute qui lui serait fatale par la suite...

Dès que ces faits ont été mis à ma connaissance, c'est-à-dire en février 2015, j'ai saisi le doyen des juges d'instruction et fait un signalement au procureur sur cette nomination illégale. J'ai également saisi le Service Central de Prévention de la Corruption (SCPC : service de l'État constitué de magistrats qui aide les élus à éviter des actes qu'ils pourraient commettre et qui seraient délictueux. Il est dommage que M. Passi n'ait pas consulté ce service...). Ce SCPC a immédiatement transmis ma saisine au procureur...

Récapitulons : dès février 2015, j'ai saisi le doyen des juges d'instruction, le procureur de Lyon, le SCPC concernant les faits de nomination de la sœur du maire comme DGS !

Toutes ces saisines, je les ai publiées sur le site http://www.givors-contribuables.info

Elles étaient donc connues de qui voulait bien se renseigner, sachant que « se renseigner » est le travail des journalistes. Et le fait est que TOUS les journalistes ont menti par omission concernant mes interventions initiales dans cette affaire, bien que, pour certains d'entre eux, ils ne se sont pas gênés de m'appeler au téléphone pour me demander des renseignements.

Au cours de l'été 2015, je suis convoqué au service économique de la police judiciaire pour être entendu en tant que plaignant par un officier de police. C'est seulement à cette période que M. Boudjellaba a déposé sa plainte contre X.

Plainte totalement inutile puisque l'enquête préliminaire était déjà largement entamée suite à mes signalements.

La constitution de partie civile

En tant que plaignant représentant l'association des contribuables de Givors, j'ai demandé à M. le Procureur que mon association soit reconnue comme partie civile. Ce dernier m'a répondu qu'il fallait, pour cela, que les statuts de mon association indiquassent qu'elle « luttait contre la corruption ». Lors de l'assemblée générale de mon association, nous avons ajouté cette fonction dans nos statuts. Ces derniers ont été déposés à la Préfecture et dès réception du récépissé, j'ai saisi le greffe du Tribunal correctionnel pour demander que mon association soit admise comme partie civile par le tribunal. Ce qui a été fait.

Parallèlement, je faisais une demande au ministère de la justice pour que mon association soit agréé pour lui permettre d'être reconnue comme partie civile. Hélas, le ministère n'a jamais accordé cet agrément à l'association de défense des contribuables. Ce qui ne m'a jamais empêché, en tant que président, de participer, en tant que partie civile, à tous les procès qui allaient suivre.

Il faut néanmoins noter que c'est la commune qui est la principale intéressée pour se constituer partie civile

Il eût donc été **normal et moral** que le Maire, qui représente les intérêts de la commune, demandât au conseil municipal de le faire.

Or c'est le contraire qui s'est produit.

Lors du conseil municipal du 11 avril 2017, une délibération emberlificotée a été présentée au conseil avec l'intention affirmée que le conseil municipal refuse la constitution de partie civile.

Voir sur le site du Défi givordin l'intervention de Michelle Palandre (également reproduite plus loin) lors de ce conseil ainsi qu'une partie de la mienne : www.defigivordin.info/CM20170411.htm

Il est particulièrement scandaleux que sous des prétextes fallacieux, tous les élus de la majorité sans exception, ont voté contre la constitution de partie civile de la commune !

Pourtant cette constitution de partie civile de la commune ne présente aucun risque pour les prévenus que sont M. Passi et Mme Goux, mais présente l'avantage de garantir que les intérêts des Givordines et des Givordins seront défendus, et que les élus du conseil municipal pourront être informés des dossiers du jugement et de l'enquête préliminaire.

Les interventions de deux élues de la majorité ont été surprenantes.

Madame Fornengo a admis qu'elle avait des divergences avec la rapporteuse de la délibération, Mme Gassa, et que le fait que le frère et la sœur dirigent ensemble la mairie est immoral.

Madame Jannot s'est plainte (ou félicitée ?) que lors d'une réunion des élus de la majorité, une lettre du maire leur demandait de lui accorder leur confiance... C'est stupéfiant ! Comment accorder sa confiance à un élu qui est poursuivi par la justice pour

« prise d'intérêt moral » et que sa sœur, assurant les fonctions de DGS, est poursuivie pour prise illégale d'intérêt et recel ?

Voici ce que dit le Procureur de la République sur les motifs de poursuite dans son « *Avis d'audience* » communiqué à la commune que je reproduis ci-dessous :

AVIS D'AUDIENCE

Parquet du procureur de la République
Service : Audiencement
N° Parquet : 15064000040
N° téléphone : 0472607160
N° télécopie : 0472607248
LA COMMUNE DE GIVORS
prise en la personne de son représentant légal, le Maire
Hôtel de Ville
Place Camille-Vallin
BP 38
69701 GIVORS CEDEX
Avis d'audience
Je vous invite à vous présenter devant le Tribunal Correctionnel de Lyon - 5ème chambre Correctionnelle, 67 Rue Servient 69433 LYON 3EME, le 16 juin 2017 à 14:00 pour y être entendu en qualité de Victime dans la procédure concernant :
PASSI Martial Prévenu
d'avoir, à GIVORS et en tout cas sur le territoire national, courant 2014 et 2015, et en tout cas depuis temps non prescrit, étant dépositaire *de* l'autorité publique, chargé d'une mission de service public ou investi d'un mandat électif public, en l'espèce en sa qualité de maire de la commune de GIVORS, pris, reçu ou conservé, directement ou indirectement, un intérêt quelconque, dans une entreprise ou dans une opération dont il avait, au moment de l'acte, en tout ou en partie, la charge d'assurer la surveillance ou l'administration, en l'espèce en

prenant un intérêt moral à la nomination de sa sœur, Muriel GOUX en sa qualité de directrice générale des services de la commune de GIVORS, alors qu'il avait la surveillance de ces opérations de nomination, après avoir notamment d'une part participé activement à la sélection des candidats, aux entretiens du jury de recrutement et au vote de ce dernier, d'autre part signé personnellement les arrêtés municipaux de nomination de sa sœur ; faits prévus et réprimés par les articles 432-12 et 432-17 du code pénal faits prévus par ART-432-12 C. PÉNAL et réprimés par ART 432-12 AL 1, ART 432-17 C. PÉNAL

PASSI Muriel, épouse GOUX Prévenue

d'avoir, à GIVORS, et en tout: cas sur le territoire national, à compter du 22 janvier 2015, et en tout cas depuis temps non prescrit, sciemment recelé les fonctions de DGS et !'ensemble des salaires versés au titre de la rétribution de ses fonctions de directrice générales des services de ta commune de GIVORS qu'elle savait provenir du délit de prise illégale d'intérêt commis par son frère Martial PASSI, faits prévus et réprimés par les articles 321-1, 321-3, 321-4, 321-9, 321-10, 432-12 cl 432-17 du code pénal faits prévus par ART. 321-1 C. PÉNAL el réprimés par ART 321 - 1 AL -3, ART 321-9 C. PÉNAL.

Fait au parquet, le 17 janvier 2017
Le Procureur de la République

De fait, ces deux élues, Mme Jannot comme élue socialiste ayant rejoint E. Macron (les trois élus socialistes soutenant Hamon étaient absents) et Mme Fornengo, élue dite du groupe « élus des personnalités », ont fait une déclaration allant dans le sens de la nécessité de la constitution de partie civile de la commune et ont voté... contre cette constitution de partie civile, avec tous les autres élus de la majorité. J'ai honte pour ma commune de Givors !

J'ai d'autant plus honte que M. Passi n'a même pas participé au conseil municipal, il est absent, pour cause, dit-il de « maladie »…

Sa « maladie » est-elle si grave qu'elle l'empêche de participer aux travaux d'un conseil municipal essentiel pour l'avenir de Givors ? Si elle était si grave, il devrait démissionner de sa fonction s'il n'est plus à même, physiquement, de l'exercer…

Désormais, à la date de ce vote, quel que soit le jugement qui serait rendu par le tribunal le 16 juin 2017, le mal était fait.

Comme l'a indiqué **Michelle Palandre** lors de son intervention au conseil municipal du 11 avril 2017 :

« Premièrement, je suis très étonnée que vous présentiez cette délibération à la demande de monsieur Boudjellaba, qui n'est qu'un élu de l'opposition, et ce n'est pas péjoratif. Parce que c'est LA commune de Givors qui a reçu un avis à victime. Moi ça me paraît donc une évidence que la commune se constitue partie civile. Vous ne devriez pas le faire parce que M. Boudjellaba l'a demandé, mais parce que c'est à vous de le faire. C'est votre devoir de maire !

Bien sûr dans cette affaire, pour le coup, vous avez le statut de mis en cause (en terme pénal on dit « prévenu »), mais, en tant que maire vous représentez la commune c'est-à-dire la victime. Donc, vous avez le statut de prévenu et de victime, mais vous avez été élu pour défendre les intérêts de la commune donc cela devrait primer sur le reste.

Après, vous dites qu'il n'y a pas de préjudice. Ce n'est pas ce que dit le Procureur quand il dit, concernant madame Goux, qu'elle a, je cite : « **sciemment recelé les fonctions de DGS et l'ensemble des salaires versés au titre de la rétribution de ses fonctions** ». *S'il s'avérait qu'elle soit condamnée, elle devrait reverser ses salaires à la commune. Je comprends que pour vous, ce soit difficile parce que Madame Goux est votre sœur, mais si elle en est là, c'est aussi de votre responsabilité, et s'il s'avérait qu'elle soit condamnée, vous devez également en prendre la responsabilité en tant que maire.*

D'autant plus que, monsieur Passi, en tant que prévenu, vous avez demandé une protection fonctionnelle qui sera payée par la commune donc par les contribuables givordins. N'oublions pas que Mme Goux n'est pas la seule responsable dans cette affaire.

Et je finirai en disant qu'une fois de plus, l'image de la ville a été ternie par cette affaire.

Donc la commune est au moins trois fois victime : des salaires, des frais d'avocat et de son image ternie.

En bon gardien des intérêts de la ville, vous êtes obligé de demander à ce que la ville se constitue partie civile, je ne vois pas d'autre issue, sinon vous manquez à tous les devoirs pour lesquels vous avez été élu. »

Le comble du ridicule a été atteint lors de ce conseil municipal du 11 avril 2017 :

1) La délibération était si mal rédigée que deux élus de la majorité se sont trompés et ont annoncé voter pour la constitution de partie civile (Messieurs Combaz et Bazin)
2) L'argumentation de Mme Gassa était complètement hors des clous de la procédure administrative et judiciaire.
3) Le maire n'a pas daigné se présenter devant le conseil municipal prétextant un problème de santé.
4) Les intérêts de la commune et des Givordines et Givordins ont été bafoués.
5) Les élus de la majorité se sont déshonorés en votant contre les intérêts de la commune et, de fait, pour les intérêts des prévenus que sont M. Passi et Mme Goux.

Il reste la possibilité à n'importe quel **contribuable de Givors** de saisir le tribunal administratif en application de l'article L.2132.5 du Code général des collectivités territoriales pour lui demander de représenter la commune dans la constitution de partie civile, car elle a refusé de le faire. Et ceci comme le dit le texte : « à ses frais et risques ». Voilà le cadeau empoisonné que fait la majorité municipale aux contribuables de Givors.

En tant que président de l'association de défense des contribuables de Givors, je me mis à la disposition de qui le demanderait pour l'aider dans cette démarche.

NB. À l'ouverture de la séance du conseil municipal présidée par Mme Charnay en l'absence du maire, seuls 15 élus de la majorité sur 25 étaient présents. À eux seuls, les élus de la majorité n'atteignaient pas le quorum. Il a fallu appeler en urgence au téléphone les deux élus manquant pour atteindre ce quorum.

Protection fonctionnelle de M. Passi

Michelle Palandre a déposé une requête au tribunal administratif le 3 mars 2017, et des mémoires les 3 janvier 2018 et 16 juillet 2018, demandant d'annuler la délibération accordant la protection fonctionnelle de M. Passi. Elle a obtenu satisfaction.

Extrait du jugement No 1701755
annulant la délibération du conseil municipal
qui avait accordé la protection fonctionnelle
à M. Passi

Pour l'application des dispositions précitées de l' article L. 2123-34 du code général des collectivités territoriales, présentent le caractère d'une faute personnelle détachable des fonctions de maire des faits qui révèlent des préoccupations d'ordre privé, qui procèdent d'un comportement incompatible avec les obligations qui s'imposent dans l'exercice de fonctions publiques ou qui, eu égard à leur nature et aux conditions dans lesquelles ils ont été commis, revêtent une particulière gravité. (...)

Par la délibération attaquée, le conseil municipal de Givors a accordé à son maire la protection fonctionnelle dans le cadre de poursuites pénales dont il a fait l'objet. L' intéressé était prévenu d'avoir, courant 2014 et 2015, en sa qualité de maire de la commune de Givors, pris, reçu ou conservé, directement ou indirectement, un intérêt quelconque dans une entreprise ou une opération dont il avait, au moment de l'acte, en tout ou partie, la charge d'assurer la surveillance ou l'administration, et plus particulièrement pour avoir pris un intérêt moral à la nomination de sa sœur, Mme Muriel Goux, au poste de directeur général des services de la commune de Givors, **alors qu'il avait la surveillance de ces opérations de nomination, après avoir notamment, d'une part, participé activement à la sélection des candidats, aux entretiens du jury de recrutement et au vote de ce dernier, et, d'autre part, signé personnellement les arrêtés municipaux de nomination de sa sœur.** Ces faits, dont le conseil municipal avait connaissance à la date de la délibération attaquée, revêtent **une particulière gravité** eu égard à leur nature, aux conditions et au contexte dans lequel ils ont été commis et procèdent **d'un comportement incompatible avec les obligations qui s'imposent dans l'exercice des fonctions d'élus. Ils présentent, par suite, le caractère de faute personnelle.** Dans ces conditions, et sans que la commune de Givors puisse utilement faire valoir que Mme Goux remplissait toutes les conditions statutaires et les garanties de compétence pour être nommée au poste de directeur général des services de la commune, poste le plus élevé de l'administration communale correspondant à un emploi fonctionnel, **Mme Palandre est fondée à soutenir que par la délibération attaquée, le conseil municipal a accordé à son maire le bénéfice de la protection fonctionnelle en violation des dispositions précitées de l'article L. 2 123-24 du code général des collectivités territoriales.**

DÉCIDE:

Article 1er : La délibération n° 34 adoptée le 7 février 2017 par le conseil municipal de Givors accordant le bénéfice de la protection fonctionnelle à son maire est annulée.

Protection fonctionnelle de M. Goux...

Il faut savoir que Muriel Goux a également bénéficié de la protection fonctionnelle en tant que fonctionnaire territorial.

Lors d'un conseil municipal, alors que Christiane Charnay était devenue maire de Givors, je lui demandais qui avait signé l'arrêté de la protection fonctionnelle de M. Goux, elle ou le maire ? Elle répondit que M. Goux lui avait demandé de signer cet arrêté, alors qu'elle était première adjointe, pour éviter à son frère, le maire, de signer cet arrêté...

Ce qui me déclencha des soupçons de prise illégale d'intérêt dont je faisais un signalement au procureur.

Au moment où j'écris ces lignes, je n'ai eu aucune nouvelle de ce signalement.

Pour une lecture complète de l'enquête judiciaire, voir mon livre ***Chroniques de la Chute annoncée***, en vente sur Amazon et en lecture gratuite sur Wobook **https://www.wobook.com/WByY7Tl6rt6J/LaChute Wobook.html**

Et voici le jugement au complet qui a lourdement condamné M. Passi et sa sœur M. Goux. Ce jugement est intéressant, car il raconte toute l'histoire !

JUGEMENT CORRECTIONNEL

Texte intégral du jugement

À l'audience publique
du Tribunal Correctionnel de Lyon
le SIX JUILLET DEUX MILLE DIX-SEPT,
Composé de:
Président: Madame AGI Michèle, vice-président,
Assisté de Madame DUIGOU Carine greffière, en présence de Monsieur PROISY Gilles, vice-procureur de la République,
Tribunal, vidant son délibéré après débats ayant eu lieu à l'audience du 16 juin
2017, alors qu'il était composé de:
Président:
Madame AGI Michèle, vice-président,
Assesseurs :
Madame MAZAUD Nathalie, vice-président,
Madame RABEYRJN-PUECH Pascale, juge,
Assisté de Madame MOURGUES Sylvie, greffière,
en présence de Monsieur TREMEL Fabrice, vice-procureur de la République,
dans l'affaire entre:
Monsieur le PROCUREUR DE LA RÉPUBLIQUE, près ce tribunal, demandeur *et* poursuivant
PARTIES CIVILES :

BOUDJELLABA Mohamed, agissant en sa qualité de contribuable tendant à être autorisé par le Conseil d'État à agir en lieu et place de la commune, demeurant 3 rue François Crozat 69700 GIVORS

partie civile, défendu par Maître TÊTE Étienne, avocat au Barreau de Lyon, toque 2015 ;

BOUDJELLABA Mohamed, agissant en son nom personnel, demeurant 3 rue François Crozat 69700 *GIVORS* partie civile, défendu par Maître TÊTE Étienne, avocat au Barreau de Lyon, toque 2015;

l'Association de défense des contribuables de Givors, représenté par son **président PELOSATO Alain,** sise 1 place Henri Barbasse 69700 GIVORS

partie civile, comparante,

l'Association ANTICOR, ayant son siège *5* avenue des Piliers 94100 SAINT-MAUR-DES-FOSSÉS

partie civile, défendue par Maître TÊTE Étienne, avocat au Barreau de Lyon, toque 2015 ;

ET

Prévenu

Nom: **PASSI Martial, Auguste**

né le 27 septembre 1957 à GIVORS (69)

de PASSI Félix et de ABAD Judith

Nationalité : française

Situation familiale: marié

Situation professionnelle : maire de la Commune de Givors

Antécédents judiciaires : jamais condamné

Demeurant: 4 place de la Liberté 69700 GIVORS

Situation pénale: libre

comparant assisté de Maître VERGNON Henri-Pierre avocat au barreau de Lyon,

toque 728,

Prévenu du chef de :

- PRISE ILLÉGALE D'INTÉRÊTS PAR UN ÉLU PUBLIC DANS UNE AFFAIRE DONT IL ASSURE L'ADMINISTRA-TION OU LA SURVEILLANCE

Prévenue

Nom : **PASSI Muriel épouse GOUX**

née le 2 août 1969 à GIVORS (Rhône)

de PASSI Félix et de ABAD Judith

Nationalité : française

Situation familiale : mariée

Situation professionnelle ; directrice générale des services de la Commune de Givors

Antécédents judiciaires : jamais condamné

Demeurant:

15 rue des Noisetiers 69390 VERNAISON

Situation pénale : libre

comparante assistée de Maître GUYENARD Hervé avocat au barreau de Lyon, toque 341 ;

Prévenue du chef de :

- RECEL DE BIENS PROVENANT DE PRISE ILLÉGALE D'INTÉRÊTS D'UN ÉLU PUBLIC DANS UNE AFFAIRE QU'IL ADMINISTRE OU QU'IL SURVEILLE

DÉBATS

À l'appel de la cause, la présidente a constaté la présence et l'identité de PASSI Martial et PASSI Muriel épouse GOUX et a donné connaissance de l'acte qui a saisi le tribunal.

La présidente a informé les prévenus de leur droit, au cours des débats, de faire des déclarations, de répondre aux questions qui leur sont posées ou de se taire.

La présidente a instruit l'affaire, interrogé les prévenus présents sur les faits et reçu leurs déclarations.

Maître TÊTE Étienne, conseil ·des parties civiles BOUDJELLABA Mohamed, agissant tant en sa qualité de contribuable tendant à être autorisé par le Conseil d'État à agir en lieu et place de la commune qu'en son nom personnel et l'Association ANTICOR, a été entendu en sa plaidoirie.

PELOSATO Alain, président de l'Association de défense des contribuables de Givors, a été entendu en sa constitution de partie civile.

Le ministère public a été entendu en ses réquisitions.

Maître VERGNON Henri-Pierre, conseil de PASSI Martial a été entendu en sa plaidoirie.

Maître GUYENARD Hervé, conseil de PASSI Muriel épouse GOUX a été entendu en sa plaidoirie.

Les prévenus ont eu la parole en dernier.

Le greffier a tenu note du déroulement des débats.

Puis à l'issue des débats tenus à l'audience du 16 juin 2017 le tribunal a informé les parties présentes ou régulièrement représentées que le jugement serait prononcé le 6 juillet 2017 à 14:00.

À cette date, vidant son délibéré conformément à la loi, le Président a donné lecture de la décision, en vertu de l'article 485 du code de procédure pénale.

Le tribunal a délibéré et statué conformément à la loi en ces termes :

PASSI Martial a été cité à personne selon exploit d'huissier de justice délivré le 23 janvier 2017 pour comparaître à l'audience du 16 juin 2017 ; cette citation est régulière en la forme.

PASSI Martial a comparu à l'audience assisté de son conseil ; il y a lieu de statuer contradictoirement à son égard.

Il est prévenu :

- d'avoir, à GIVORS et en tout cas sur le territoire national, courant 2014 et 2015, et en tout cas depuis temps non prescrit, en tant que dépositaire de l'autorité publique, chargé d'une mission de service public ou investi d'un mandat électif public, en l'espèce en sa qualité de maire de la commune de GIVORS, pris, reçu ou conservé, directement ou indirectement, un intérêt quelconque, dans une entreprise ou dans une opération dont il avait, au moment de l'acte, en tout ou en partie, la charge d'assurer la surveillance ou l'administration, en l'espèce en prenant un intérêt moral en la nomination de sa sœur, Muriel GOUX en sa qualité de directrice générale des services de la commune de GIVORS, alors qu'il avait la surveillance de ces opérations de nomination, après avoir notamment d'une part participé activement à la sélection des candidats, aux entretiens du jury de recrutement et au vote de ce dernier, d'autre part signé personnellement les arrêtés municipaux de nomination de sa sœur;

Faits prévus et réprimés par les articles 432-12 et 432-17 du Code pénal, faits prévus par ART.432-12

C.PENAL. et réprimés par ART.432-12 AL.!, ART.432-17 C.PENAL.

PASSI Muriel épouse GOUX a été citée à personne selon exploit d'huissier de justice délivré. le 27 janvier 2017 pour comparaître à l'audience du 16 juin 2017 ; cette citation est régulière en la forme.

PASSI Muriel épouse GOUX a comparu à l'audience assistée de son conseil; il y a lieu de statuer contradictoirement à son égard.

Elle est prévenue

- d'avoir, à. GIVORS, et en tout cas sur le territoire national, à compter du 22 janvier 2015, et en tout cas depuis temps non prescrit, sciemment recelé les fonctions de DGS et l'ensemble des salaires versés au titre de la rétribution de ses fonctions de directrice générale des services de la commune de GIVORS, qu'elle savait provenir du délit de prise illégale d'intérêt commis par son frère Martial PASSI ;

Faits prévus et réprimés par les articles 321-1, 321-3, 321-4, 321-9, 321-10, 432-12 et 432- 17 du Code pénal, faits prévus par ART.321-1 C.PENAL. et réprimés par ART.321-1 AL3, ART.321-3, ART.321-9 C.PENAL.

SUR L'ACTION PUBLIQUE :

Attendu que le 25 février 2015 l'Association de défense des contribuables de Givors, représentée par son président M. PELOSATO, dénonçait au Procureur de la République ses soupçons de prise illégale d'intérêts par Martial PASSI, maire de Givors, pour avoir embauché sa sœur Muriel GOUX, jusqu'alors directrice de son cabinet, comme directrice générale des services de la Mairie de Givors;

Attendu que par lettre recommandée avec accusé de réception reçue le 3 août 2015 au parquet de Lyon, Mohamed BOUDJELLABA, conseiller municipal de la Ville de Givors, va également déposer plainte pour prise illégale d'intérêts et faux et usage de faux à l'encontre de Martial PASSI, contestant les conditions dans lesquelles Muriel GOUX a été nommée directrice générale des services, excipant de la rupture du principe d'impartialité et relevant l'absence supposée de l'avis pourtant obligatoire de la Commission administrative paritaire visée dans l'arrêté de nomination de Muriel GOUX en date du 22 janvier 2015 signé par Martial PASSI;

Attendu que c'est dans ces conditions qu'une enquête sera diligentée ;

Attendu que Martial PASSI, maire de Givors depuis 1993, a été réélu en novembre 2014 ; que M. FUENTES est son directeur général des services depuis le 1er juillet 2009 et est protégé par le délai de 6 mois à compter de l'élection ou la réélection, délai pendant lequel il ne peut   être évincé;

Attendu que le poste de directeur général des services constitue la plus haute fonction municipale ; que son titulaire est chargé de veiller au bon fonctionnement de l'administration locale et à la mise en œuvre des projets politiques dans le respect des lois ; que le directeur général des services est nommé et révoqué de façon quasi discrétionnaire par l'autorité territoriale et notamment pour perte de confiance à condition préalablement à. toute nouvelle nomination de déclarer au centre de gestion la vacance du poste;

Attendu qu'il s'agit d'un poste accessible par détachement à tout fonctionnaire de catégorie A, titulaire d'un grade dont l'indice terminal est fixé par décret en fonction de la strate démographique à laquelle appartient la collectivité concernée;

Attendu qu'un contentieux va exister entre Martial PASSI et M. FUENTES courant 2014 ;

Attendu que Martial PASSI dira avoir été satisfait de lui jusqu'en 2013, lorsqu'il est informé par le Trésorier Payeur Général de certaines irrégularités dans le régime indemnitaire et les astreintes appliquées dans la commune sur les personnels;

Qu'il dira avoir appris dans le même temps l'augmentation importante de la masse salariale du personnel municipal, ce qui constituait alors au vu du contexte budgétaire une problématique sensible ; qu'il dira avoir alors repris lui-même en main les ressources humaines en lieu et place de son directeur général des services et avoir assaini la situation fin 2013 ;

Qu'il expliquera qu'à partir de là les relations avec M. FUENTES se sont dégradées, et ce d'autant que celui-ci refusera de signer le contrat d'objectif qu'il lui soumet et se montrera déloyal envers lui durant la campagne électorale;

Que Martial PASSI justifie ses allégations en produisant le mail que Mme CREMILLE, directrice des finances, lui a adressé le 10 octobre 2013 et par lequel elle dénonce les heures supplémentaires et astreintes facturées de certains agents, et celui adressé par M. FUENTES au personnel de la mairie le 29 mars 2014 aux termes duquel il dénonce les incohérences de "l'intelligentsia" qu'il a relevées, explique être dans l'expectative vis-à-vis des échéances de réorganisation politique et administrative et quant à son devenir de directeur général des services, et demande à ses collègues de ne pas le laisser seul;

Attendu que Martial PASSI reconnaîtra avoir voulu à partir de là se séparer de M. FUENTES, mais être contraint d'attendre pour ce faire l'achèvement du délai de 6 mois, soit le mois d'octobre, pour présenter son départ au 31 décembre 2014 au conseil municipal;

Qu'il reconnaîtra avoir mis M. FUENTES de côté en le cantonnant aux relations avec les partenaires extérieurs, tentant de confier à M. CRETON, directeur général adjoint, l'organisation interne de la commune, solution qui s'est avérée inefficace de sorte qu'il a dépêché sa directrice de cabinet pour redresser la situation, soulignant que celle-ci n'ayant aucun poids sur l'administration, elle s'est retrouvée en butte à l'action parasitaire de M. FUENTES, de sorte que dans la lettre du maire parue dans la revue "Dialogues" de juillet 2014 il a annoncé lui confier la mission de directrice générale des services jusqu'au 31 décembre 2014, mais précisera qu'il s'est agi d'une présentation politique des choses pour asseoir son autorité alors qu'elle fait seulement fonction et ne signe aucun acte comme directrice générale des services;

Mais attendu que dans la revue "Dialogues" d'août 2014 il dira avoir répondu favorablement à la demande de la directrice générale de services de créer un journal interne pour le personnel communal ; qu'encore dans le numéro de septembre 2014 il dira avoir enclenché une nouvelle dynamique et que le conseil municipal d'octobre serait informé de la fin des emplois de directeur général des services et de directeur général adjoint et qu'à la fin de la procédure administrative il nommerait Mme GOUX comme directrice générale des services;

Attendu que si Martial PASSI déclarera au sujet de ces annonces ne plus savoir sur qui s'appuyer face au travail de sape de M. FUENTES et avoir cherché à asseoir l'autorité de Muriel GOUX, en laquelle il a confiance, sur l'administration, il est patent et incontesté qu'elle s'est vue confier de réelles missions relevant de la compétence du directeur général des services, ce qu'il reconnaîtra à l'audience;

Attendu que dans la revue de janvier 2015 Martial PASSI annoncera la nomination de la nouvelle directrice générale des services avec laquelle ils sont arrivés à la réorganisation complète de l'administration communale lancée dès l'élection de la nouvelle équipe municipale;

Qu'entre septembre 2014 et janvier 2015 plus aucune annonce ne sera faite sur le travail de Muriel GOUX comme directrice générale des services;

Qu'il convient de relever que par courrier du 25 septembre 2014 le syndicat CGT avait averti M. PASSI de son intention de saisir les instances compétentes s'il n'annulait pas l'ensemble des décisions prises par elle comme directrice générale des services puisqu'elle n'était pas encore titulaire de cette fonction;

Que Martial PASSI contestera tout lien de cause à effet;

Attendu que Muriel GOUX va participer au recrutement des directeurs de secteur en septembre 2014 ; que Mme DAGNIAUX-TINE, consultante extérieure en ressources humaines, dira être alors intervenue auprès de la mairie de Givors et avoir rencontré Muriel GOUX qui participait comme elle au jury et menait cette opération à la place du directeur général des services, compte tenu du conflit opposant Martial PASSI à M. FUENTES ; qu'il s'agit bien en effet d'une mission revenant au directeur général des services;

Attendu qu'Amelle GASSA (adjointe aux questions juridiques) expliquera que la situation était compliquée alors à la mairie de Givors, car M. FUENTES était complètement défaillant et M. CRETON en arrêt maladie alors que la mairie était en pleine réorganisation, de sorte que Muriel GOUX a été positionnée sur le règlement des questions sensibles, car elle était alors la seule à pouvoir le faire;

Qu'encore Yamina KAHOUL (conseillère municipale spécialiste en ressources humaines) reconnaîtra que M. FUENTES en 2014 est moins mobilisé du fait de ses mauvaises relations avec Martial PASSI ;

Qu'enfin le témoignage de Christiane CHARNAY, qui fait état de ce que Muriel GOUX devait seulement réorganiser les services et faire des économies budgétaires et travaillait avec M. FUENTES et M. CRETON à cela, devra être pris avec circonspection, car isolé et ne correspondant pas à la version des autres témoins ni même à celle de Martial PASSI ;

Attendu s'agissant de la nomination de Muriel GOUX comme nouveau directeur général des services que Martial PASSI indiquera, ce qui est établi, qu'il bénéficie d'un pouvoir discrétionnaire de ce chef;

Qu'il est avéré que la campagne de recrutement d'un nouveau directeur général des services a été officiellement lancée fin novembre 2014 ;

Attendu que Martial PASSI dira avoir décidé de mettre en place un jury, composé d'un cabinet de recrutement extérieur, de conseillers municipaux en lien direct avec le directeur général des services et de lui-même, en apprenant la candidature de sa sœur à la fin de l'automne 2014, dans un souci d'objectivité et de transparence; qu'il reconnaîtra avoir alors été conscient des difficultés que la candidature et l'éventuelle nomination de sa sœur pouvaient générer au sein de la municipalité, mais ne pas avoir voulu porter préjudice à sa sœur ; que dans la réponse aux questions posées par l'opposition il indiquera d'ailleurs que ses liens de parenté avec Muriel GOUX ne doivent pas priver la commune de compétences démontrées et reconnues;

Qu'il dira avoir lui-même présélectionné les candidatures; qu'en ayant retenu 3 en interne, il en retiendra 3 en externe pour respecter une parité; qu'il dira avoir choisi les candidats au vu de leurs valeurs et leur appartenance politique;

Qu'il dira avoir transmis pour analyse ces candidatures à Mme DAGNIAUX- TINE, chargée de conduire les entretiens individuels des candidats passant devant le jury le 12 janvier 2015, puis de faire une synthèse à destination des membres du jury qui se réunirait afin de choisir le directeur général des services le 20 janvier 2015, chacun exposant alors son classement des candidats, le directeur général des services devant selon les critères par lui définis être choisi à l'unanimité;

Attendu que le jury était composé de Mme CHARNAY, Mme GASSA et Mme KAHOUL, qui connaissaient toutes Muriel GOUX et ont été en lien permanent avec elle dans le cadre de son activité de directrice de cabinet;

Que Mme DAGNIAUX-TINE a aussi été en lien avec Muriel GOUX dans le cadre du recrutement des directeurs de secteur, et qu'elle dit que tout s'était alors bien passé;

Attendu dès lors que Muriel GOUX était la seule candidate à connaître et à entretenir de bonnes relations avec l'ensemble des membres du jury ;

Attendu encore que les deux autres candidatures en interne étaient M. FUENTES qui était parallèlement évincé et M. CRETON dont le poste de directeur général adjoint allait être supprimé et qui selon les déclarations de Martial PASSI n'avait pu mener la réorganisation interne, Martial PASSI précisant à l'audience qu'il n'avait pu le faire compte tenu des difficultés de santé qu'il rencontrait alors, ce qui ne change rien à la réalité du fait qu'il ne lui avait pas donné satisfaction;

Attendu que Mme DAGNIAUX- TINE dira que sa mission consistait à participer au jury de recrutement et que les entretiens étaient menés conjointement par le maire et elle-même, et non par elle seule comme l'a déclaré Martial PASSI, cherchant à minimiser son implication dans le processus de désignation ; qu'elle contestera avoir analysé en amont les candidatures ; qu'elle présentera d'ailleurs une facture retenant une demi-journée de prestation;

Attendu qu'elle parlera de deux candidatures utiles : celle de Muriel GOUX et celle de Mme DOLLAT, qu'il n'a pas été possible de retenir au final compte tenu de ce qu'elle venait d'être nommée directrice territoriale ; qu'en effet dans sa synthèse Mme DAGNIAUX-TINE indiquera que Mme DOLLAT " a annoncé en fin d'entretien qu'elle avait été promue directrice territoriale ce qui ne lui permettait pas de prendre le poste de directeur général des services pour des raisons statutaires" ;

Attendu que si Martial PASSI dira d'abord que c'est Mme DOLLAT qui leur a dit ne plus pouvoir candidater, il dira ensuite ne plus savoir si c'est elle ou Mme CHARNAY qui en a parlé ; que Mme DOLLA T interrogée indiquera ne voir aucune difficulté, la ville de Givors comptant plus de 10.000 habitants et n'avoir pas su pourquoi sa candidature n'avait pas été retenue ;

Qu'Olivier DUCROCQ, directeur du centre de gestion de la fonction publique, confirmera que les directeurs territoriaux peuvent être nommés directeurs généraux des services dans les villes dont la population est supérieure à 10 .000 habitants, ce qui est le cas de Givors;

Que Mme CHARNAY dira avoir pu en parler, étant administrateur et membre de commissions administratives paritaires, et être sûre de son fait;

Attendu que Mme GASSA dira que dès l'annonce du grade de Mme DOLLAT il avait été considéré qu'elle ne pouvait plus valablement candidater;

Attendu que si son détachement demeurait possible, son recrutement semblait impossible ; mais attendu que le débat sur le fait qu'une nomination et non un détachement était souhaité n'a pas eu lieu au sein du jury et que sans plus de vérifications ou d'interrogations la candidature de Mme DOLLAT, présentée comme la meilleure a été écartée, ce que Martial PASSI reconnaîtra à l'audience;

Attendu encore que Mme DAGNIAUX-TINE émettra dans sa synthèse des réserves quant à la désignation de Muriel GOUX en raison de ses liens de parenté avec Martial PASSI, mais indiquera que celles-ci ont été dissipées par la posture des élus membres du jury qui n'ont pas montré de complaisance envers elle, mais ont retenu la réalité d'un travail avec elle ;

Qu'entendue elle indiquera que la question de cette parenté n'a pas été abordée lors de l'entretien, mais seulement par elle au moment du débriefing, précisant avoir abordé la question de l'opportunité de cette candidature avec Martial PASSI dès janvier, remettant cette question à son libre arbitre, elle-même considérant qu'il était difficile de travailler en famille ;

Attendu que les membres du jury affirmeront avoir eu connaissance de ce que Muriel GOUX était la sœur du maire, mais n'y avoir vu aucune difficulté eu égard à sa compétence professionnelle ;

Que Martial PASSI ajoutera que leurs liens de parenté ne peuvent empêcher Muriel GOUX de progresser dans sa carrière;

Qu'il dira ne jamais avoir voulu favoriser sa sœur et avoir été dénué de toute intention frauduleuse ;

Mais attendu que l'intérêt moral et familial entre dans le champ d'incrimination de l'article 432-12 du Code pénal ; que le délit de prise illégale d'intérêts se commet par le seul abus de la fonction indépendamment de la recherche d'un gain ou de tout autre avantage personnel ; qu'il n'est pas non plus exigé que l'intérêt pris par le prévenu soit en contradiction avec l'intérêt communal;

Que le maire est soumis à l'obligation de parfaite neutralité des décisions prises ; que l'intention est caractérisée dès lors que l'acte est accompli sciemment ;

Que le délit est consommé dès lors que le prévenu a pris directement ou indirectement un intérêt dans une affaire dont il avait l'administration, ce qui est le cas en l'espèce;

Que le fait que l'arrêté de nomination de Muriel GOUX, sa sœur, ait reçu le contrôle de légalité de la préfecture est inopérant s'agissant d'un contrôle formel, de l'autorité administrative de surcroît;

Attendu que l'infraction est constituée ; que Martial PASSI sera retenu dans les liens de la prévention ;

Attendu que Muriel GOUX expliquera dans la revue "Servir le public" de juillet puis août 2014 s'être vue confier la direction générale des services jusqu'à fin 2014 et vouloir associer l'ensemble du personnel communal aux projets engagés ; qu'elle dira avoir rencontré M. CRETON et M. FUENTES, la directrice des ressources humaines et le personnel de la direction générale, et vouloir encore rencontrer l'ensemble des directeurs de service ; qu'elle signera comme directrice de cabinet et directrice générale des services ;

Qu'elle ne saurait dès lors valablement exciper avoir travaillé avec M. CRETON et M. FUENTES, indiquant dans le même temps que M. FUENTES avait été affecté aux relations avec la Métropole et que M. CRETON avait des problèmes de santé, de sorte que l'administration communale s'est trouvée déstabilisée, sans pilote, alors que des dysfonctionnements existaient, et que le maire lui avait demandé d'intervenir, ne sachant plus en qui il pouvait avoir confiance;

Qu'elle reconnaîtra à minima avoir réalisé "une sorte d'intérim" jusqu'au 26 janvier 2015, date de sa nomination officielle, reconnaissant avec difficulté avoir réalisé un vrai travail et exercé des missions relevant non pas des fonctions de directrice de cabinet, mais de celles de directeur général des services ;

Qu'elle parlera d'une "énorme maladresse" s'agissant du fait d'avoir annoncé sa nomination dès juillet

2014, mais la présentera comme nécessaire pour qu'elle puisse travailler ;

Qu'elle soulignera ne pas avoir été rémunérée pendant cet "intérim" ce qui est inopérant;

Qu'elle dira s'être considérée légitime à candidater et à occuper le poste de directrice générale des services et le penser toujours;

Qu'elle dira que lorsqu'elle est passée devant le jury, Martial PASSI était avant tout son employeur et qu'il n'y avait pour elle aucun conflit d'intérêts, car si Martial PASSI qu'il dira ne jamais avoir voulu favoriser sa sœur et avoir été dénué de toute intention frauduleuse ;

Mais attendu que l'intérêt moral et familial entre dans le champ d'incrimination de l'article 432-12 du Code pénal ; que le délit de prise illégale d'intérêts se commet par le seul abus de la fonction indépendamment de la recherche d'un gain ou de tout autre avantage personnel ; qu'il n'est pas non plus exigé que l'intérêt pris par le prévenu soit en contradiction avec l'intérêt communal;

Que le maire est soumis à l'obligation de parfaite neutralité des décisions prises ; que l'intention est caractérisée dès lors que l'acte est accompli sciemment ;

Que le délit est consommé dès lors que le prévenu a pris directement ou indirectement un intérêt dans une affaire dont il avait l'administration, ce qui est le cas en l'espèce;

Que le fait que l'arrêté de nomination de Muriel GOUX, sa sœur, ait reçu le contrôle de légalité de la préfecture est inopérant s'agissant d'un contrôle formel, de l'autorité administrative de surcroît;

Attendu que l'infraction est constituée ; que Martial PASSI sera retenu dans les liens de la prévention ;

Attendu que Muriel GOUX expliquera dans la revue "Servir le public" de juillet puis août 2014 s'être vue confier la direction générale des services jusqu'à fin 2014 et vouloir associer l'ensemble du personnel communal aux projets engagés ; qu'elle dira avoir rencontré M. CRETON et M. FUENTES, la directrice des ressources humaines et le personnel de la direction générale, et vouloir encore rencontrer l'ensemble des directeurs de service ; qu'elle signera comme directrice de cabinet et directrice générale des services ;

Qu'elle ne saurait dès lors valablement exciper avoir travaillé avec M. CRETON et M. FUENTES, indiquant dans le même temps que M. FUENTES avait été affecté aux relations avec la Métropole et que M. CRETON avait des problèmes de santé, de sorte que l'administration communale s'est trouvée déstabilisée, sans pilote, alors que des dysfonctionnements existaient, et que le maire lui avait demandé d'intervenir, ne sachant plus en qui il pouvait avoir confiance;

Qu'elle reconnaîtra à minima avoir réalisé "une sorte d'intérim" jusqu'au 26 janvier 2015, date de sa nomination officielle, reconnaissant avec difficulté avoir réalisé un vrai travail et exercé des missions relevant non pas des fonctions de directrice de cabinet, mais de celles de directeur général des services ;

Qu'elle parlera d'une "énorme maladresse" s'agissant du fait d'avoir annoncé sa nomination dès juillet 2014, mais la présentera comme nécessaire pour qu'elle puisse travailler ;

Qu'elle soulignera ne pas avoir été rémunérée pendant cet "intérim" ce qui est inopérant;

Qu'elle dira s'être considérée légitime à candidater et à occuper le poste de directrice générale des services et le penser toujours;

Qu'elle dira que lorsqu'elle est passée devant le jury Martial PASSI était avant tout son employeur et qu'il n'y avait pour elle aucun conflit d'intérêts, car si Martial PASSI n'avait pas participé à son entretien il n'y aurait pas eu d'équité de traitement la concernant;

Qu'elle reconnaîtra ne pas s'être posé la question de l'impartialité et de l'égalité de traitement pour les autres candidats face à un jury dont elle seule connaissait l'ensemble des membres puisqu'ayant travaillé avec chacun d'eux et entretenu avec chacun d'eux de bonnes relations ;

Que la concernant les faits sont également constitués ; qu'en effet le recel atteint tous ceux qui en connaissance de cause ont pu par un moyen quelconque bénéficier du produit d'un délit, l'infraction n'impliquant pas nécessairement la détention matérielle de l'objet recelé ; que tel est le cas en l'espèce ;

Attendu qu'il y a lieu de prononcer à l'encontre de Martial PASSI une peine de 6 mois d'emprisonnement, assortie du sursis simple dans les conditions prévues par les articles 132-29 à 132-34 du Code pénal;

Qu'il sera en outre condamné au paiement d'une amende de 10.000 euros;

Qu'il y a lieu de prononcer à son encontre la privation de son droit d'éligibilité pour une durée de 3 ans;

Attendu qu'il y a lieu de prononcer à l'encontre de Muriel PASSI épouse GOUX une peine de 4 mois d'emprisonnement, assortie du sursis simple dans les conditions prévues par les articles 132-29 à 132-34 du Code pénal;

Qu'elle sera en outre condamnée au paiement d'une amende de 5.000 euros ;

Qu'il y a lieu de prononcer à son encontre l'interdiction d'exercer une fonction publique pour une durée de 18 mois, et ce avec exécution provisoire, l'ancienneté des faits et la nécessité de faire cesser l'infraction commandant de l'ordonner ;

Attendu que Muriel PASSI épouse GOUX demande la non-inscription de cette décision au bulletin N° 2 de son casier judiciaire ; qu'au vu des éléments de la procédure et des débats, le tribunal estime devoir ne pas faire droit à cette demande ;

SUR L'ACTION CIVILE:

Attendu que la commune est la seule victime directe d'un délit de prise illégale d'intérêts imputé à un maire; que la recevabilité de l'action civile d'un contribuable est subordonnée à l'autorisation préalable du Tribunal administratif en vertu de l'article L316-8 du code des communes ;

Attendu encore qu'une association, pour voir sa constitution de partie civile accueillie, doit être agréée et justifier d'un dommage personnel subi né d'un préjudice résultant directement de l'infraction ;

Attendu dès lors que les constitutions de partie civile de M. BOUDJELLABA, agissant tant en son nom personnel qu'en sa qualité de contribuable tendant à être autorisé par le Conseil d'État à agir en lieu et place de la commune, sont irrecevables, le Tribunal Administratif ayant rejeté sa demande en ce sens et cette décision étant affectée de l'exécution provisoire ;

Attendu de même que la constitution de partie civile de M. PELOSATO en sa qualité de président de l'Association de défense des contribuables de Givors est irrecevable;

Attendu qu'il y a lieu de recevoir la constitution de partie civile de l'Association ANTICOR et de lui allouer la somme de 2.000 euros à titre de dommages et intérêts et celle de 500 euros sur le fondement de l'article 475- 1 du code de procédure pénale;

PAR CES MOTIFS

Le tribunal, statuant publiquement, en premier ressort et par jugement contradictoire à l'égard de PASSI Martial, PASSI Muriel épouse GOUX, BOUDJELLABA Mohamed agissant tant en sa qualité de contribuable tendant à être autorisé par le Conseil d'État à agir en lieu et place de la commune qu'en son nom personnel, l'Association de défense des contribuables de Givors, représentée par son président PELOSATO Alain et l'Association ANTICOR

SUR L'ACTION PUBLIQUE :

Déclare **PASSI Martial** coupable de l'infraction de :

- PRISE ILLÉGALE D'INTÉRÊTS PAR UN ÉLU PUBLIC DANS UNE AFFAIRE
DONT IL ASSURE L'ADMINISTRATION OU LA SURVEIL-LANCE

Condamne PASSI Martial à un emprisonnement délictuel de SIX MOIS;

Vu l'article 132-31 al. 1 du Code pénal;

Dit qu'il sera sursis totalement à l'exécution de cette peine, dans les conditions prévues par cet article;

Condamne PASSI Martial au paiement d'une amende de dix mille euros (10.000 euros) ;

Prononce à l'encontre de PASSI Martial la privation de son droit d'éligibilité
pour une durée de TROIS ANS ;

Déclare **PASSI Muriel** épouse GOUX coupable de l'infraction de :

- RECEL DE BIENS PROVENANT DE PRISE ILLÉGALE D'INTÉRÊTS D'UN ÉLU PUBLIC DANS UNE AFFAIRE QU'IL ADMINISTRE OU QU'IL SURVEILLE .

Condamne PASSI Muriel épouse GOUX à un emprisonnement délictuel de QUATRE MOIS ;

Vu l'article 132-31 al. 1 du code pénal;

Dit qu'il sera sursis totalement à l'exécution de cette peine, dans les conditions prévues par cet article;

Condamne PASSI Muriel épouse GOUX au paiement d'une amende de cinq mille euros (5.000 euros) ;

Prononce à l'encontre de PASSI Muriel épouse GOUX l'interdiction d'exercer une fonction publique pour une durée de DIX-HUIT MOIS, et ce avec exécution provisoire;

Rejette la demande de dispense d'inscription au bulletin n02 du casier judiciaire de PASSI Muriel épouse GOUX de la condamnation prononcée;

En application de l'article 1018 A du code général des impôts, la présente décision est assujettie à un droit fixe de procédure de 127 euros dont sont redevables chacun PASSI Martial et PASSI Muriel épouse GOUX;

SUR L'ACTION CIVILE :

Déclare irrecevables les constitutions de partie civile de BOUDJELLABA Mohamed, agissant tant en son nom personnel qu'en sa qualité de contribuable tendant à être autorisé par le Conseil d'État à agir en lieu et place de la commune;

Déclare irrecevable la constitution de partie civile de l'Association de défense des contribuables de Givors, représentée par son président PELOSATO Alain;

Reçoit la constitution de partie civile de l'Association ANTICOR ;

Déclare PASSI Martial et PASSI Muriel épouse GOUX entièrement responsables du préjudice subi par l'Association ANTICOR ;

Condamne solidairement PASSI Martial et PASSI Muriel épouse GOUX à payer à l'Association ANTICOR la somme de 2.000 euros à titre de dommages et intérêts .

Condamne in solidum PASSI Martial et PASSI Muriel épouse GOUX à payer à l'Association ANTICOR la somme de 500 euros sur le fondement de l'article 475-1 du code de procédure pénale;

et le présent jugement ayant été signé par la présidente et la greffière.

Délibéré du 6 juillet 2017

Du tribunal correctionnel de Lyon

Martial Passi
Condamné à
6 mois de prison avec sursis
10 000 euros d'amende
Inéligibilité de trois ans

Muriel Goux née Passi
Condamnée à
4 mois de prison avec sursis
5 000 euros d'amende
Interdiction d'exercer une fonction publique
pour une durée de 18 mois
et ce avec exécution provisoire
Rejet de la demande de dispense d'inscription au
casier judiciaire

M. Passi, M. Goux, le Parquet,
ainsi que certaines parties civiles ont décidé
d'interjeter appel de ce jugement.
Je propose à votre lecture,
ci-après, le compte rendu de l'audience que
j'ai rédigé.

Cour d'appel de Lyon

Procès en appel de M. Passi et sa sœur M. Goux

Mercredi 27 février 2019

La cour est composée de trois magistrats et de l'avocat général.

Une magistrate annonce les décisions du délibéré (jugement de première instance) : Martial Passi et Muriel Goux ont été déclarés coupables de prise illégale d'intérêt et ont été condamnés (voir ci-dessus le délibéré)

Elle fait l'historique de la procédure et **rappelle ainsi que l'association de défense des contribuables de Givors, par la voix de son président, Alain Pelosato, est à l'origine de la procédure par le signalement qu'il a fait au procureur en février 2015.** Cela sera d'ailleurs confirmé plus tard par l'avocat général.

Présentation des avocats de la défense et des parties civiles.
Les prévenus Passi et Goux sont appelés à la barre.
Ils déclinent leur identité et le montant de leurs revenus.
La magistrate rappelle la prévention et la condamnation : Martial Passi a été condamné pour prise

d'intérêt moral pour avoir organisé et participé au jury qui a désigné sa sœur comme DGS et signé l'arrêté de nomination. Muriel Goux a recelé la fonction de DGS et l'ensemble des salaires touchés à ce titre à l'issue de la prise illégale d'intérêt de son frère.

Elle rappelle en détail les décisions prises par le tribunal correctionnel en première instance et les parties qui ont interjeté appel.

L'avocat de M. Passi déclare un « incident » : il se plaint de l'abondance des conclusions de l'avocat d'Anticor, conclusions qui lui seraient parvenues au dernier moment. Cela fait sourire et l'avocat d'Anticor conteste l'incident et proteste de son côté de ne pas avoir été informé des changements des conseils (avocats) de la défense.

Puis la magistrate soumet M. Passi à un interrogatoire sur les évènements qui l'ont conduit à organiser un jury qui a désigné sa sœur comme candidate au poste de DGS.

Passi réélu maire en 2014 décide de réorganiser les services de la mairie. (NB : cette information n'a jamais été communiquée au conseil municipal). Il missionne le DGS d'alors, Jérôme Fuentès. Or il se révèle des difficultés entre ce dernier et « les élus » (NB en fait, surtout entre ce dernier et M. Passi). M. Fuentès ne pouvait pas être « écarté » (NB ce qui veut dire licencié), car la loi prévoit une protection statutaire de 6 mois pour les DGS après l'élection du maire. M.

Passi lui a donc mis un adjoint, M. Johan Creton (devenu plus tard, directeur de la SAGIM !)

Dans l'organe de presse interne « Dialogue », il est écrit que M. Goux, alors directeur de cabinet, est « appelée à prendre en charge la fonction de DGS jusqu'à la fin de l'année (2014) ».

Au même moment une lettre du maire M. Passi indique : « nous entamons une nouvelle dynamique que nous menons avec une nouvelle équipe… » et ajoute : « à la fin je nommerai Muriel Goux DGS ».

Parallèlement, Muriel Goux signait en qualité de DGS une lettre d'information interne intitulée « servir le public » dans laquelle elle indiquait qu'elle avait été nommée DGS et exposait son programme. M. Passi est interpellé par la CGT sur l'illégalité de cette décision en octobre 2014.

Du coup la mention « DGS » disparaît dans les documents de la mairie à propos de M. Goux.

Plus tard, un appel à candidatures est lancé pour le recrutement d'un DGS. (Alors que M. Fuentès est toujours en fonction !)

Une présélection est faite par le maire : trois candidats en interne et trois candidats en externe. Ces candidatures sont soumises à analyse à un cabinet extérieur (dont la représentante est madame NDT), recruté pour étudier ces candidatures.

12 janvier 2015 : les candidats sont reçus par M. Passi, Mme NDT et trois conseillers municipaux (qui sont même adjointes !)

21 janvier 2015 : le jury ainsi constitué se prononçait pour M. Goux.

30 avril 2015 : l'arrêté de nomination de M. Goux signé par le maire (son frère) M. Passi est retiré, car illégal (en effet il était fait mention de l'avis de la Commission administrative paritaire qui ne s'était pas encore réunie au moment de la signature de l'arrêté). M. Passi prenait un autre arrêté.

Il y a eu au préalable plusieurs auditions sur les modalités de recrutement et les qualités des membres du « jury ».

Mme NDT avait participé au jury de recrutement des nouveaux directeurs de services en août 2014 ! Avec la participation de M. Goux, alors directrice de cabinet, qui exerçait déjà à la place de J. Fuentès (pourtant toujours en fonction). Elle cumulait donc les deux fonctions (ce qui est interdit par la loi). Mme NDT avait interrogé M. Passi sur les liens de parenté avec M. Goux et avait émis des r »serve sur ce lien de parenté (M. Passi avait donc été prévenu).

Le 12 janvier 2015, les entretiens avec les candidats sont dirigés par M. Passi et sa sœur M. Goux !

Deux candidatures sont retenues (celles de Mme Delphine Dollat et M. Goux) et M. Passi demande d'en rajouter une, celle de M. Creton.

Mme Dollat est la mieux placée, mais se pose (le faux ?) problème de son grade de directeur territorial qui serait incompatible avec la fonction de DGS dans une ville de 20 000 habitants. Donc c'est M. Goux qui est désignée, sans que le lien familial ne soit invoqué par qui que ce soit...

Yamina Kahoul, adjointe au personnel, déclare au policier enquêteur que l'embauche d'un cabinet extérieur permettait d'éviter tout soupçon… Elle soutient que le lien de parenté ne soulève aucune difficulté.

Christiane Charnay, alors première adjointe, soutient que suite à la perte de confiance envers J. Fuentès, DGS en fonction, il fallait recrute un autre DGS. Elle était partagée entre D. Dollat et M. Goux, mais D. Dollat était directrice territoriale, ce qui, selon Mme Charnay, rendait sa candidature irrecevable. C'est la 1ère adjointe qui informe les autres membres du jury de cette incompatibilité.

Elle soutient (naïvement) que c'est une « erreur de communication » d'avoir annoncé que M. Goux était DGS en 20014.

Amel Gassa fait le même discours et s'oppose à la candidature de monsieur Creton. Elle sélectionne également D. Dollat et M. Goux…

Le directeur du centre de gestion (organisme départemental de gestion du personnel communal) est approché et affirme que l'embauche de D. Dollat est statutairement possible.

D. Dollat interrogée alors avait déclaré ne pas savoir pour quelle raison sa candidature n'a pas été retenue.

La magistrate soumet Muriel Goux à un interrogatoire, à propos de ce qu'elle a déclaré lors de sa garde à vue du 3 mars 2016.

En 2013 elle a été avertie par le service des ressources humaines que J. Fuentès avait embauché beaucoup de personnes et qu'il y avait des problèmes de calculs d'indemnités (on se demande comment la mairie était dirigée, le maire ne semblant pas au courant des embauches réalisées par le DGS alors que cette fonction est typiquement celle du maire !).

J. Fuentès s'était opposé au maire pendant la campagne électorale (ah bon ?)

Monsieur Creton était en arrêt de travail, suit à un burnout (!)

Donc M. Passi demande à sa sœur de prendre en charge la réorganisation des services.

M. Goux confirme avoir travaillé auparavant avec NDT. Elle persiste à déclarer que D. Dollat ne pouvait pas être retenue pour une ville de moins de 40 000 habitants.

Elle a bien été nommée DGS fin 2014. Mais elle n'avait pas eu de délégation de signature.

C'est au tour de M. Passi d'être interrogé sur ses propos lors de sa garde à vue.

Question : « Pourquoi avoir présenté M. Goux comme DGS dès l'été 2014 alors qu'elle n'était pas nommée et que J. Fuentès était toujours en fonction ? »

M. Passi présente une vision apocalyptique de la situation de la commune de Givors à l'époque et la met en relation avec les attentats terroristes de Paris (il n'y en a pas eu à Givors)...

Il accuse implicitement l'opposition de « propos durs, haineux » pendant la campagne électorale.

Il déclare : « Alors qu'il y a eu un affaiblissement des partis républicains (pourtant à l'époque il s'en réjouissait), le parti extrême a fait 25 %. »

Avant les élections, affirme-t-il, J. Fuentès n'acceptait pas la réorganisation des services.

Le 3 avril, avant d'être élu maire il avait réuni les cadres et le personnel… Comment a-t-il pu le faire alors qu'il n'était pas encore maire ?

Alors que la magistrate lui demande si c'est lui qui avait recruté J. Fuentès, il répond que oui, « depuis le milieu des années 2000 » et expose des ragots sur J. Fuentès.

Question : « Vous avez fait confiance à monsieur Creton qui est tombé malade et vous vous êtes retourné vers votre sœur… »

À ce moment-là, M. Passi s'enfonce, se croit au conseil municipal au lieu d'être au tribunal…

Il précise que J. Fuentès avait gardé une (très petite) fonction ; celle de la relation avec la Métropole de Lyon…

M. Passi est interrogé sur le « montage » du jury (qualifié de « bidon par le procureur de la première instance)

Il a reçu dix candidatures. Il a écarté celles avec lesquelles il « n'aurait pas pu travailler ». Quand la magistrate lui demande pourquoi, il répond : « Par exemple ceux qui venaient de villes dirigées par le Front National »…

Il a exigé l'unanimité (ce qui va se retourner contre lui) des membres du jury. Six personnes ont été reçues, dont Jérôme Fuentès (il déclare qu'il y a des problèmes insurmontables avec lui et accepte sa candidature !)

Il avait poussé la candidature de J. Creton, refusée par deux membres du jury (c'est pratique parfois l'unanimité…)

Il soutient qu'il avait placé Mme Dollat en tête et si elle avait été retenue il aurait pu garder sa directrice de cabinet. (Très osé !)

Question : « Avez-vous évoqué le lien de parenté avec M. Goux ? »

Réponse : » Non, les élus le connaissaient bien…)

En ce qui concerne l'arrêté de nomination illégal, il l'a signé sans vérifier que tout allait bien. Il informe le tribunal que les deux arrêtés de nomination de J. Fuentès avaient été signés avec le même vice !!!

<u>La magistrate remarque qu'elle comprend le délibéré du tribunal de première instance !</u>

Ce qui n'est pas bon pour le prévenu…

M. Passi : « J'ai mis en place un jury alors que ce n'était pas obligatoire. J'allais pas, en plus, ne pas participer aux débats ! C'est de la cuisine administrative… »

Le président du tribunal pose des questions.

« La question des frontières dans le code pénal. Frontières qu'on s'impose à soi-même. Il appartient d'avoir une distance dans votre statut et votre rôle de maire. Pour gérer les services municipaux, il faut un contrepoids qui fait garantie. Si le DGS est votre sœur, ce n'est pas possible ! Vous êtes-vous posé ces questions ? »

La réponse de M. Passi est pour le moins confuse : « J'étais vice-président des maires de France, on naviguait à vue sur les questions de parenté... » Etc.

Le président : « Vous n'avez pas répondu à ma question ! Vous allez avoir le frère et la sœur à la tête de la commune. Sur la France entière, seule madame peut satisfaire ce poste ? Le choix du cabinet a été fait par vous. Ce cabinet chargé de la logistique : pourquoi avait-il une voix ? Je ne vois pas pourquoi... »

Réponse de M. Passi : « Je doutais des élus... Je suis maire de Givors (ça il l'a dit des dizaines de fois, or, il n'est plus maire de Givors...). Je ne maîtrise pas les subtilités dans le recrutement. Il y a des choses que je ne sais pas faire techniquement et humainement. Je ne sais pas dire à quelqu'un : vous n'êtes pas bon. Pour moi, c'était une garantie de ne pas me laisser avoir... » (Quel aveu d'impuissance !)

C'est au tour de l'avocat général d'intervenir.
En voici le résumé.
M. Passi a accepté comme candidats des gens inéligibles. Mme NDT menait les débats selon M. Passi, or celle-ci a déclaré au policier enquêteur : « M. le maire menait les débats. »
Mme NDT a attiré l'attention de M. Passi deux fois sur le problème que sa sœur soit candidate. Cela pose deux problèmes : celui de l'affichage et celui de travailler avec sa sœur...

Il interpelle M.Passi : « Arrêtez d'asséner que vous avez un choix discrétionnaire. Et il cite les textes de loi qui disent le contraire.

Le délit ce n'est pas que c'est sa sœur qui a été nommée, mais c'est une question de fait, sur la méthode, de déontologie.

[M. Passi se tourne vers son avocat quand il n'est pas sûr...]

Il s'en suit une polémique entre les avocats des prévenus et l'avocat général.

M. Goux est de nouveau interrogée.

Elle reprend les mêmes « arguments » (voir ci-dessus)

Elle avoue que c'était une « véritable maladresse » d'avoir signé des annonces écrites en tant que DGS alors qu'elle n'était pas nommée (c'est comme ça quand on est endoctriné par le système soviétique...)

Elle ne s'est jamais interrogée sur le lien de parenté.

Elle connaissait tout le monde dans ce jury, or ce n'était pas le cas d'autres candidats !

Elle expose son parcours professionnel à la demande de la cour.

On lui donne lecture de la prévention (pourquoi elle a été condamnée). Elle explique qu'elle ne savait pas que cela pouvait être un délit.

Le président de la cour lui pose des questions.

"Pourquoi le maire a introduit Mme NDT dans le jury ?"

"Quelle est sa conception de son rôle de DGS ?"

"Depuis combien de temps connaissiez-vous ces personnes ?"
Réponses :
Mme Kahoul : moins d'un an. Mme Gassa 7 ans. Mme Charnay : depuis toujours.
"Cela ne vous a pas paru surréaliste ces entretiens ?"
Cela ne lui a pas posé de questions que le frère soit membre du jury...
Il évoque l'article 432-12 du code pénal sur lequel s'appuie le jugement du tribunal de première instance.

C'est au tour des parties civiles d'intervenir.
L'avocat d'Anticor, partie civile, fait son discours, long, mais argumenté. Il demande 2000 euros de dommages et intérêts pour Anticor.
Il évoque le rapport accablant de la Chambre régionale des comptes sur la gestion du maire. L'existence d'attestation d'élus communistes pour défendre Passi. Un sénateur de gauche a voulu changer la loi pour alléger le délit de prise illégale d'intérêt en citant le cas de M. Passi !
Il montre que la règle de l'unanimité imposée par M. Passi au jury lui permet d'assurer le pouvoir à celui qui l'a (c'est-à-dire le maire !).
Ce dernier place en tête la candidate dont il dit qu'elle ne peut pas être nommée !
Il montre que M. Passi n'a pas l'excuse de l'ignorance, car de nos jours toute expertise juridique est disponible gratuitement sur Internet. D'autant

plus que M. Passi était vice-président de l'association des maires de France !

Alain Pelosato est appelé à la barre en tant que partie civile (et plaignant). Il informe la cour qu'il n'a pas d'avocat. Il confirme qu'il n'a pas interjeté appel. Il demande 500 euros de dommages et intérêt pour son association.

Réquisitoire de l'avocat général.

Il faut situer cette affaire dans l'actualité. Le rejet par les citoyens des affaires entachant les élus.

La prise illégale d'intérêt, ce n'est pas nouveau. Il y a jurisprudence.

La loi ne peut pas tout dire. Le maire a le devoir de prendre du recul quand il recrute quelqu'un.

La seule chose dans le débat c'est le choix et la méthode.

Le DGs étant un poste fonctionnel, la procédure est obligatoire.

L'article 47 du Code pénal n'est pas applicable pour les communes de moins de 80 000 habitants. C'est l'article 41 qui est applicable.

Pourquoi M. Passi n'a-t-il pas consulté l'AMF (association des maires de France) dont il était le vice-président ?

L'article 110 modifié par la loi de septembre 2017 dit que dorénavant il est interdit à l'autorité territoriale de nommer son conjoint, ses parents, ses enfants et ceux de son conjoint ? Mais cet article concerne le cas des emplois fictifs !

L'article 41 de la loi du 26 janvier 1984 indique qu'on ne peut faire une sélection parmi des gens qui ne sont pas sélectionnables.

Dans notre cas, le maire est présent dans toutes les phases de la procédure de nomination.

Tout cela traduit une certaine perte de repères du maire qui a été élu trop longtemps, ce qui a d'ailleurs conduit monsieur Pelosato à faire un signalement au procureur...

Nous sommes en plein dans la prise illégale d'intérêt concerné par l'article 432-12 du Code pénal. Il y a d'ailleurs le mot « suspecté » dans cet article qui réprime la partialité et le manque de probité.

M. Passi ne devait pas participer au jury.

Il parle du caractère « grossier » du dossier. « Le procédé est gros comme le nez au milieu de la figure ! » Il faut bien voir l'intention. M. Passi est un élu depuis très longtemps, il a fait partie de l'AMF ; il est dans une dérive qui fait que le maire ne mérite pas son poste d'élu.

L'avocat général demande de confirmer purement et simplement le jugement de première instance (voir ci-dessus).

La parole est à la défense. Trois avocats sont intervenus (!). (On voit que Passi n'a pas lésiné sur la dépense puisqu'il a demandé à la mairie, donc aux contribuables, de payer ses avocats...)

À part des jérémiades, je n'ai pas retenu grand-chose de ces plaidoiries.

Il est particulièrement maladroit de leur part de se référer à l'accord du Préfet concernant la nomination de Mme Goux par son frère. D'abord la Cour n'en a rien à faire du Préfet qui n'est pas homme de loi, ensuite, il faut savoir que nous avons attaqué au tribunal administratif 37 requêtes et décisions du maire qui ont été annulées par ce tribunal alors que le Préfet avait donné son aval pour toutes ces décisions.

On peut noter aussi la naïveté de M. Boudjellaba qui a écrit au Préfet pour lui demander de revoir sa copie, courrier qui a été utilisé par la défense de Passi !

Puis la cour demande si les prévenus veulent dire encore quelque chose. M.Passi prend la parole et se plaignant très longuement et amèrement de la difficulté d'être maire…

Voyant que ses lamentations risquaient d'incommoder la cour, l'avocat de M. Goux l'a interpellé : « Stop ! Martial : ça suffit ! »

À inscrire dans les annales !

Résultat du délibéré : jeudi 11 avril à 9 heures
Voir ce résultat en début du livre.

Fait à Givors, le 28 février 2019
Alain Pelosato
Président de l'association de défense des contribuables de Givors.

Rapport accablant de la Chambre Régionale des Comptes

Pourquoi publier ici un résumé du rapport accablant de la Chambre Régionale des Comptes CRC) ?

Parce que suite à la publication de ce rapport, la CRC a porté plainte contre M. Passi sous les chefs de détournement de fonds public, prise illégale d'intérêt et favoritisme ! Pas moins.

Voici donc un résumé des perles -et pire ! – de la chambre régionale des comptes, dont le rapport a été présenté au conseil municipal en 2017. En pleine tourmente de l'affaire Passi/Goux !

Comment la Chambre Régionale des Comptes (CRC) remonte les bretelles à Passi-Charnay et Cie

Ce rapport porte sur la gestion de la commune de Givors par Passi/Charnay sur la période 2009-2015 La CRC est une cour de justice qui contrôle la gestion des communes

SYNTHÈSE DU RAPPORT de la Chambre Régionale des Comptes

La gestion de la commune se caractérise par les difficultés de l'exécutif à organiser, orienter et contrôler l'activité de l'administration communale. La recherche, pendant près de dix ans, d'une organisation administrative apte à mettre en œuvre un plan de mandat mal défini et les différentes « commandes des élus », jamais clairement formalisées, ont détourné la direction générale des services de ses missions de gestion. Celles-ci ont été en partie assurées par le cabinet du maire jusqu'au début de l'année 2015. Cette situation a rendu confus, au sein de l'administration communale, les rapports de responsabilité et d'autorité privant ainsi les agents d'un cadre hiérarchique stabilisé.

Le contrôle interne n'a pas permis de limiter ni les risques de gestion, ni les irrégularités. Ainsi, la faiblesse des procédures écrites, l'absence de stratégie en matière de systèmes d'information, tout comme une insuffisante expertise juridique, ont conduit à de nombreuses erreurs pouvant avoir parfois des conséquences financières ou aboutir à des manquements à la probité.

La gestion de l'important patrimoine immobilier pâtit d'une absence de stratégie permettant d'apprécier correctement les besoins de la commune et de ses usagers et d'arbitrer entre les constructions nouvelles, les bâtiments à restaurer et ceux dont la charge de gestion est disproportionnée à l'usage qui en fait.

les incertitudes qui pèsent sur le montant de la dotation globale de fonctionnement qu'elle reçoit de l'État et la nécessité d'assurer durablement la maîtrise d'une masse salariale structurellement très importante, vont peser durablement sur les décisions d'investissement futures eu égard au niveau élevé des taux d'imposition

LE RAPPORT LUI-MÊME
(extraits)

Le manque de démocratie au conseil municipal

À la suite de chaque élection, le directeur départemental des finances publiques doit désigner, sur une liste de contribuables dressée par le conseil municipal, les membres de la commission communale des impôts directs en application de l'article 1650 du code général des impôts, parmi lesquels figurent deux membres de la famille du maire depuis avril 2014.

Aucun procès-verbal n'est rédigé à la suite des réunions du conseil municipal.

Le maire ne rend compte de sa délégation qu'au titre des marchés publics et non pas sur le louage de choses ou les régies, alors que la commune loue à son personnel des logements lui appartenant ainsi que des locaux commerciaux à des tiers privés. le maire ne rend compte de sa délégation qu'au titre des marchés publics et non pas sur le louage de choses ou les régies, alors que la commune loue à son personnel des logements lui appartenant ainsi que des locaux commerciaux à des tiers privés.

La non organisation du personnel

Selon l'organigramme de 2008, le maire disposait d'un cabinet pléthorique composé de 22 personnes
Les dossiers des agents concernés (*membres du cabinet*) montrent qu'ils n'avaient pas été spécifiquement recrutés pour exercer des fonctions propres au cabinet. Or, quelle que soit leur situation professionnelle antérieure, tous les collaborateurs de cabinet doivent être recrutés « *soit par contrat, soit par décision administrative. L'acte d'engagement est écrit.*
Cette organisation a perduré jusqu'en 2014 où un seul et unique emploi de cabinet a subsisté, mais huit ou neuf agents fonctionnaires « *exercent des missions au sein du cabinet* », six d'entre eux étant affectés au secrétariat des élus et deux au service du protocole. »

Les rémunérations illégales

« Certains compléments de rémunération des membres de cabinet ne sont pas conformes à la règlementation.
par arrêté du maire en date du 17 février 2010, 25 points de NBI ont été accordés à Mme G. « *considérant que l'intéressée assure des fonctions d'encadrement d'au moins vingt personnes au cabinet du maire* ». Ce complément de rémunération n'est pas conforme à la réglementation puisqu'incompatible avec la fonction de directeur de cabinet. »

(NDLR : Mme G. : il s'agit de Mme Goux la sœur de l'ex- maire…)

En mai 2005, à la suite du départ en retraite du directeur général des services, aucun agent n'a été nommé sur ce poste avant le 1er juillet 2009, laissant de fait ce poste inoccupé jusqu'à l'entrée en vigueur de l'arrêté de détachement de M. F. pris le 23 juin 2009. La vacance du poste n'a été déclarée au centre de gestion qu'en juin 2009. Toutefois l'organigramme de 2008, présente M. F. comme directeur général des services, assisté de trois directeurs généraux adjoints.

Selon l'ordonnateur, M. F. avait été « *recruté en 2005 comme contractuel pour exercer les missions de DGS* », confirmant ainsi la mention portée à la fiche de notation de l'intéressé pour 2007, selon laquelle il occupait le poste de « DG » depuis le 1er janvier 2005. Ces missions ne figurent pourtant pas dans l'arrêté du maire le concernant portant nomination d'un agent auxiliaire du 4 janvier 200520. Elles ne figurent pas non plus dans le contrat de travail du 25 août 2006, par lequel M. F. est recruté comme agent contractuel sur le poste de responsable du pôle développement et de l'intercommunalité, créé par délibération du conseil municipal en date du 26 juin 2006. Les fiches de notation pour les exercices 2005 à 2009 mentionnent que M. F. a été évalué non pas sur la base du service rendu en tant que responsable du pôle développement et de l'intercommunalité, mais en tant que DGS.

Différents documents attestent que M. F. a exercé dès 2005, de fait et non pas de droit, les fonctions de directeur général des services de la commune.

(NDLR : M.F. c'est M. Fuentes)

la rémunération de M. F. dès son premier arrêté de nomination en 2005 correspond au grade de directeur territorial à l'indice brut 780 (indice majoré 641), ce qui le situe au-dessus de la rémunération d'un emploi de DGS pour une ville de 10 000 à 20 000 habitants, le premier échelon pour cet emploi dans une commune de cette strate démographique étant fixé à l'indice brut 620 (indice majoré 520) par le décret du 30 décembre 1987.

Admis au concours interne d'attaché territorial le 26 mars 2008, M. F. a été nommé au grade d'attaché territorial stagiaire par arrêté du maire du 11 juin 2008 puis titularisé sur ce grade par arrêté du 20 mai 2009, enfin détaché sur l'emploi fonctionnel de DGS le 23 juin 2009. Ces arrêtés successifs précisent tous que, compte tenu de sa situation administrative antérieure, l'intéressé percevra à une rémunération afférente à l'indice brut 780, alors qu'il était titularisé à l'indice brut 442.

Ainsi, la reprise des « droits acquis » au moment de la réussite au concours interne d'attaché se traduit par le maintien de la rémunération à un niveau nettement supérieur à celui prévu par sa titularisation dans le grade d'attaché, mais également supérieur à celui auquel il pouvait prétendre en ayant été détaché dès sa titularisation dans les fonctions de DGS d'une commune de la taille de Givors. Dans le premier cas, cela correspond, pour la période de juin 2009 à décembre 2014, à un surplus de rémunération de 65 % (soit 73 021 €) et de 23 % (soit 18 124 €) dans le second cas.

(NDLR : M.F. c'est M. Fuentes)

Au cours de la période examinée, aucun document n'a établi une délimitation franche entre les missions du cabinet et celles de la direction générale des services. En méconnaissance des dispositions23 du décret 87-1101 du 30 décembre 1987, l'autorité du DGS sur les services municipaux était partagée en réalité avec le directeur de cabinet, selon des critères qui n'ont jamais été précisés.

(Rappelons que le DGS était M. Fuentes et la directrice de cabinet Mme Goux)

Échec de la « réorganisation » et recrutement de Mme Goux

La commune s'est adjoint les services d'un consultant spécialisé, mais le service des ressources humaines n'a participé ni à la sélection du cabinet de recrutement, ni au processus de sélection du futur directeur général. Toute la procédure de recrutement – du choix du prestataire à celui du DGS – a été menée par quelques élus et le maire.

Les comptes rendus d'entretien des candidats sélectionnés reposent essentiellement sur des appréciations personnelles du consultant, sans éléments objectifs en rapport avec le parcours professionnel antérieur des candidats dont la formation académique n'est pas prise en compte.

En l'absence de pondération entre les critères académiques, les expériences antérieures des candidats et l'appréciation sur les questions relatives à la gestion de la commune, l'ensemble du processus de sélection est purement formel.

Il a abouti à sélectionner Mme G. dont la nomination le 22 janvier 2015 a dû être rapportée, l'arrêté du maire ayant été pris avant que ne se soit réunie la commission administrative paritaire compétente. Cette dernière ayant rendu son avis le 30 mars 2015, un nouvel arrêté nommant l'intéressée comme directeur général des services a été signé par le maire le 30 avril 2015.

La chambre relève que si elle avait été régulièrement détachée sur le poste de directeur de cabinet, Mme G. n'aurait pas pu bénéficier d'une intégration dans la fonction publique territoriale, au terme d'un détachement de longue durée, intégration qui a rendu possible son accession ultérieure au poste de DGS.

Des dispositions combinées des articles L. 2121-29 et L. 2122-18 du CGCT, le conseil d'État25 a jugé qu'il appartient « *au seul conseil municipal (...) de prendre toutes les mesures portant sur la définition des missions remplies par les services de la commune* ». Les mesures d'organisation nécessaires à l'accomplissement de ces missions relèvent essentiellement de la compétence du maire, lorsqu'il s'agit de veiller à la bonne marche des services municipaux et de les organiser en conséquence.

Or cette organisation a été confiée au directeur général des services. En effet, selon l'ordonnateur, les élus avaient accepté « *la demande de l'administration de lui confier l'entière compétence en matière d'organisation du service communal. Les élus votent le budget pour la réalisation du plan de mandat et laissent à l'administration la responsabilité de créer le service public correspondant* ».

Outre que le conseil municipal ne saurait se dessaisir de la compétence générale d'administration de la commune qu'il tient de la loi, cette « délégation de compétence » du conseil municipal au DGS ne repose sur aucune délibération prise à cet effet, de même que l'absence de procès-verbaux ne permet pas de s'assurer que les questions organisationnelles ont été abordées par le conseil.

Alors que le directeur général des services a consacré une grande partie de son activité à quatre réorganisations entre 2009 et 2015, il n'a pas véritablement assuré le fonctionnement et la coordination de l'administration municipale, en partie confiée au cabinet. Ces réorganisations ont les caractéristiques communes suivantes :

- elles répondent à une commande des élus, adressée au directeur général des services, mais difficile à cerner ;
- elles reposent rarement sur un diagnostic organisationnel correctement établi ;
- elles nécessitent des phases importantes de concertation ;

- leur mise en œuvre ne fait jamais l'objet d'un bilan précis.

L'échec des réorganisations successives

Seule la réorganisation souhaitée à l'issue de l'élection de 2008 a été conduite avec l'aide d'un cabinet conseil dont le rapport final a été rendu en février 2009. Le rapport met en exergue le mauvais fonctionnement des services et notamment, la lourdeur des procédures administratives relatives à la préparation des séances du conseil municipal et à la gestion du courrier, l'insuffisante articulation avec les services du Grand Lyon dans le domaine de la propreté, le positionnement incertain de la direction générale des services, la mauvaise gestion contractuelle des relations avec les associations, le défaut d'informatisation de la gestion des salles municipales, l'absence de guichet unique pour les différentes inscriptions des familles dans les services municipaux (cantine, activités périscolaires, séjours vacances ...).

La réorganisation de 2012 est le fruit de l'échec partiel de la réorganisation de 2009-2010.

Celle de 2014 sera justifiée, comme l'indique le maire, par le « *mécontentement de la municipalité devant les carences du service public relevées dans certains secteurs de l'administration communale* »26, puis d'une « *exaspération et une colère des populations que nous avons bien comprises et auxquelles nous avons décidé de répondre en prenant toutes nos responsabilités et toutes les mesures nécessaires* »

La commune paie ce qui ne doit pas l'être...

c'est la commune qui a payé, à travers sa subvention annuelle, jusqu'en 2015, un loyer annuel de 100 k€ du Foyer Jean Vison, qui est un équipement du CCAS28 fermé depuis 2012.

Par ailleurs, pour toute la période sous revue, au moins deux véhicules acquis29 par la commune ont été utilisés par les agents du CCAS qui n'a pas remboursé à la commune les consommations d'essence pour un montant total de 11 817 € entre 2009 et 2015.

Les conventions signées entre l'association « Maison du fleuve Rhône » et la commune stipulent en leur article 2.2.3 que des agents communaux sont mis à disposition de l'association pour y travailler à temps complet.

(...)

La commune n'a pas respecté les dispositions des articles 1 et 2 du décret n° 2008-580 du 18 juin 2008 relatif au régime de la mise à disposition applicable aux collectivités territoriales et aux établissements publics administratifs locaux. En effet, le maire n'a jamais pris les arrêtés de mise à disposition des agents concernés et l'association n'a pas remboursé à la commune les sommes dues à ce titre. A la suite de la liquidation judiciaire de l'association en 2014, les agents mis de fait à disposition ont été redéployés dans les services communaux.

Aucune note ne concerne le suivi des marchés qui est en partie assuré par la direction des finances. De façon informelle, au lieu d'utiliser la fonctionnalité du logiciel de gestion, le suivi des marchés est effectué dans un cahier par un agent du service juridique. Ce suivi ne semble pas coordonné avec celui effectué par la direction des finances. Un tableau de suivi pour les marchés à renouveler en 2016 a été élaboré, mais il ne comporte pas de données financières.

Ainsi, parmi les pièces justificatives à l'appui du mandat n° 2023 de l'exercice 2014 pour le paiement de travaux de voirie de proximité payé par le comptable public le 17 avril 2014, figure une notification de reconduction expresse du marché 13 PA 099, signée par le maire et datée du 1er octobre 2013. En réalité, la date à laquelle le document a été établi, à savoir le 16 février 2014, a été modifiée à l'aide d'un correcteur liquide. Cette date a pu être confirmée grâce aux documents que l'entreprise bénéficiaire a fait parvenir à la chambre. Ils font apparaître deux irrégularités substantielles : d'une part, le marché a été reconduit, le 1er octobre, par un agent des services techniques, qui n'avait pas délégation de l'ordonnateur pour signer ; d'autre part, le maire a effectivement signé la reconduction le 19 février 2014, c'est-à-dire à une date postérieure à la date limite de notification de reconduction.

Le développement ou l'acquisition d'outils nouveaux par le SITIV résulte d'une décision collégiale des neuf communes membres. Dès lors, certaines attentes de la commune de Givors peuvent n'être que partiellement ou nullement prises en compte par le SITIV, les autres communes membres n'exprimant pas le même besoin. Par exemple, en 2009, la commune souhaitait mettre en place une application de gestion des relations avec les usagers. Elle a dû le faire seule pour un coût initial d'environ 11 000 € puis 6 000 € par an. Elle a choisi seule, les applications « Concerto » et « Technocarte » pour la gestion du service à la famille (inscriptions et paiements pour la restauration scolaire, les activités périscolaires et les séjours de vacances). La ville souhaite également depuis 2013 mettre en place un gestionnaire de parc informatique. Si le logiciel a bien été choisi par le SITIV, il n'a pas été encore installé dans la commune de Givors.

Cette dépendance vis-à-vis du SITIV est un frein à l'acquisition et la mise en place d'outils informatiques indispensables à la gestion communale, qu'il s'agisse des ressources humaines ou de la gestion du patrimoine bâti. La commune ne s'est dotée en effet d'aucun logiciel d'information du patrimoine ou de gestion de maintenance assistée par ordinateur.

Gestion financière : une anarchie complète et des fraudes !

Ainsi le logiciel de gestion des carburants enregistre parfois plusieurs millions de kilomètres négatifs parcourus par les véhicules, ce qui montre que son paramétrage n'a pas été vraiment vérifié. Par ailleurs, l'exhaustivité des données introduites dans le logiciel

Astech utilisé pour suivre les coûts de la maintenance et de l'entretien des bâtiments et du parc automobile n'a jamais été vérifiée.

La migration des données du service à la famille entre les logiciels « concerto » et « technocrate » a également été gravement compromise par le non-respect de la procédure, dont la mise en œuvre avait été confiée, à tort, au directeur du service qui n'avait aucune compétence particulière en informatique. Un travail de préservation de données a été effectué avec le prestataire de service du logiciel, mais un audit du système est encore nécessaire pour corriger les erreurs qui persistent dans la base.

Cette supervision, qui n'est pas effectuée, est d'autant plus nécessaire que les régies sont nombreuses et que les encaissements des régisseurs représentent une recette annuelle de 800 k€ environ.

Graves dysfonctionnements de la régie du service à la famille, tels que l'absence, dans le dossier du régisseur, de procédure écrite, de grand livre, d'arrêté de création des régies et de nomination de mandataires. Les constats portent aussi sur la périodicité des versements qui n'était pas respectée au point que les caisses des différents mandataires contenaient d'importantes sommes d'argent en espèces, contrairement à la réglementation qui impose des versements réguliers auprès du comptable public.

Une autre série de faits concernant le dysfonctionnement des régies n'a pas été portée à la connaissance de l'ordonnateur : remise de chèques dont la durée légale de présentation avait été dépassée ou signés à une date postérieure à celle du dernier versement dans la caisse du comptable public, indice d'une pratique irrégulière de différés d'encaissement ; défaut d'émission des titres de recettes pour un montant de 205 787,70 €

Les défauts d'organisation et de contrôle interne des régies laissent le champ libre à des irrégularités voire des fraudes.

Une malversation a également eu lieu dans la régie de recettes du service à la famille, selon le procès-verbal dressé par le comptable public le 3 août 2011. Le mandataire du régisseur minorait ou supprimait des règlements dans le logiciel concerto. La commune, ainsi que le régisseur ont porté plainte aboutissant à la condamnation du mandataire par le TGI33. Un ordre de reversement a été émis à l'encontre du régisseur qui a toutefois bénéficié d'un avis favorable du conseil municipal (!!!) le 30 janvier 2012 pour une remise gracieuse par le directeur régional des finances publiques, à hauteur de la totalité du préjudice de 3 370,48 €.

La gestion des locaux d'habitation de la commune et les malversations financières

La commune possède environ 35 locaux d'habitation et un certain nombre de locaux commerciaux. Les locaux d'habitation sont pour la plupart loués à des employés communaux. Entre le 30 mars 2015 et le 16 janvier 2016, le comptable public a adressé au maire 33 lettres pour lui signifier le rejet de 89 titres émis pour l'encaissement des loyers. Les motifs de rejet sont des montants erronés, des montants de révision erronés, le défaut d'état liquidatif, le défaut de pièces justificatives, le défaut de convention d'occupation ou le défaut d'une convention fondant le calcul des charges. Il s'agit là d'erreurs systémiques qui révèlent la faiblesse des procédures mises en place pour le calcul des loyers.

Suite à l'intervention de la chambre, la commune a procédé au recensement des loyers impayés. En mai 2016, 76 216,61 € restaient à recouvrer auprès de 49 débiteurs, pour des impayés nés entre 2012 et 2016, les arriérés de location des aires aménagées pour les gens du voyage représentant environ 30 % de ce montant.

Téléphones portables à gogo

Si à partir d'août 2015, le marché passé avec le nouvel opérateur a permis de réduire le coût des communications, aucune règle n'a été mise en place quant à l'utilisation des téléphones portables en général ni pendant les congés en particulier.

L'examen des relevés détaillés des consommations des deux premiers agents du tableau, révèle que ces derniers ont utilisé leur portable à l'étranger pour, notamment télécharger des documents qui parvenaient sur leur messagerie professionnelle. Quant au troisième agent, il a utilisé la carte SIM de son téléphone professionnel à des fins personnelles. L'abonnement de la commune ne comprenant pas l'option de transfert de données, la facturation a été établie hors forfait lorsque l'agent a utilisé cette fonctionnalité pour un montant de 1 959, 27 € que la commune n'a pas récupéré.

Consommation des carburants

Outre que le recoupement des consommations calculées par le logiciel et les données obtenues à partir de la jauge n'est pas documenté, que les stocks exacts ne sont connus que par ce seul logiciel sans recoupement informatique possible, que le remplissage des carnets de bord est défaillant, aucun contrôle n'est exercé sur la gestion des cartes dont le nombre total n'est pas connu.

Il existe par ailleurs trois cartes pour l'approvisionnement en vrac pour les véhicules ou outils utilisés pour les espaces verts, par la direction des sports et pour le magasin communal. En l'absence d'instructions écrites du DGS, les conditions d'utilisation de ces cartes ne sont pas connues.

Les relevés annuels du logiciel GIR montrent une évolution incohérente des consommations de gazole. Ces anomalies auraient dû être détectées, puis levées ou confirmées par un contrôle ciblé.

Consommation des carburants (suite)

- certains véhicules ne sont pas clairement identifiés par leur immatriculation, mais figurent sous une dénomination qui ne permet pas de savoir s'il s'agit d'un véhicule communal ou d'un véhicule privé ; ainsi, comme l'indique l'ordonnateur, la carte « gardien » a servi à faire le plein de différents véhicules, sans que ne soit précisée leur immatriculation ;

- alors que les véhicules prêtés ou loués sont identifiés, d'autres véhicules ne sont pas identifiés du tout soit huit véhicules en 2008, aucun en 2009, huit en 2010, neuf en 2011, dix en 2012, huit en 2013, cinq en 2014 et aucun en 2015 ; les précisions apportées par l'ordonnateur à ce sujet au cours de la procédure contradictoire sont totalement inopérantes puisque les véhicules cités figuraient d'ores et déjà dans les relevés issus du logiciel de consommation d'essence et ne correspondent pas aux véhicules non identifiés ;

- le véhicule personnel d'un ancien DGS adjoint figure dans les relevés de 2009 à 2013 inclus. Il s'agit du seul véhicule privé d'agent qui apparaisse clairement dans les relevés.

Consommation des carburants (suite)

Au moins deux autres agents et une personne extérieure à la commune détenaient des cartes d'essence de la commune pour l'alimentation en carburant de leur véhicule personnel.

Alors même qu'ils n'apparaissaient pas dans les tableaux issus du logiciel GIR, l'identification de trois véhicules privés, en plus de celui d'un ancien DGS, a cependant été possible, alors que ce sont précisément ces données qui avaient été supprimées du logiciel en 2015.

L'équivalent des volumes de carburant payé par la commune au bénéfice des agents concernés s'élève respectivement à 7 637 €, 7 321 € et 3 625 €. Ces sommes sont largement supérieures à celle du détournement de fonds qui a eu lieu dans la régie du service à la famille en 2011, et pour lequel l'agent concerné a été licencié et traduit devant les tribunaux par la commune. Néanmoins, le maire n'a pas fait cesser cette pratique après que les faits ont été portés à sa connaissance, un des agents ayant continué à prélever du carburant de la commune pour son véhicule personnel et celui de son conjoint jusqu'à son départ en janvier 2015. Il n'a par ailleurs pris aucune sanction disciplinaire à l'encontre de ces agents qui n'ont pas remboursé ces sommes et contre lesquels il n'a pas porté plainte.

La location de locaux d'habitation du domaine public de la commune au bénéfice d'agents communaux

Les demandes de logement sont examinées par le directeur des services techniques, le DGS et la première adjointe. Les baux sont signés soit par le maire, soit par la première adjointe, ce que sa délégation ne l'autorise pourtant pas à faire.
Les employés municipaux ne sauraient bénéficier d'un prix de location inférieur au prix du marché,
Les tableaux fournis par la commune font apparaître des loyers au mètre carré inférieurs à quatre euros, pour des locataires qui étaient en place avant la déci-

sion de la commune de porter les loyers à 5€/m² à la faveur d'un renouvellement de bail.

Une telle pratique consiste à procurer un avantage indu à certains agents communaux, dans des conditions à tout le moins discutables.

En ce qui concerne les logements de la commune attribués par le maire au personnel communal

Il ressort ainsi que l'ensemble du dispositif mis en place par la commune est irrégulier, du contenu de la délibération de 1995 jusqu'aux actes pris en son application. Si la commune entend maintenir une telle organisation, qui bénéficie au fonctionnement des bâtiments communaux et à leurs usagers, elle pourrait avoir recours aux conventions d'occupation précaire de logement sous réserve de comporter un service d'astreinte et moyennant le paiement d'une redevance d'occupation représentant au moins 50 % de la valeur locative réelle des locaux

la rémunération et la compensation des astreintes ne peuvent être accordées aux agents qui bénéficient d'une concession de logement par nécessité absolue de service. Or les trois agents bénéficiant d'une telle concession ont perçu, entre 2009 et 2014, entre 179€ et 11 104 € au titre de la rémunération d'astreintes.

L'ensemble de ce dispositif de « gardiennage et conciergerie » représente une charge (loyers non encaissés et charges sociales sur avantage en nature), selon l'ordonnateur40, d'environ 86 k€ par an. Un montant de 38 k€ environ, représentant 50 % du montant des loyers aurait dû être mis à la charge des bénéficiaires.

Toutefois, les charges locatives n'ont pas été facturées aux bénéficiaires jusqu'au début de l'année 2015, où des avenants aux contrats ont été signés par le maire et certains agents concernés, d'autres ayant refusé de signer.

Toujours au titre de ce dispositif de « gardiennage et conciergerie », la commune loue pour le compte de deux employés municipaux affectés au service des sports, des logements privés qu'elle met ensuite à leur disposition.

Les sommes annuelles payées par la commune au profit de ces deux agents dépassent largement le montant annuel moyen des loyers non perçus par la commune au titre d'une conciergerie (2 200 €). Au surplus, rien ne justifie que l'usage de ce gymnase nécessite les services de deux gardiens et non pas d'un seul comme pour tous les autres équipements de la commune et notamment les écoles. Rien n'explique non plus, pourquoi le fonctionnement de ce gymnase qui sera réintégré dans l'actif de la commune au 1er janvier 2017, ne nécessite désormais plus de services de gardiennage.

L'inscription de cet avantage en nature (logement de fonction) dans les fiches de paie de certains agents communaux s'est parfois heurtée au fait qu'ils percevaient des astreintes, ou une bonification indiciaire, ce qui interdisait que leur fussent attribués des logements de fonction. Pour contourner cette difficulté, des agents supplémentaires ont été créés dans le logiciel de paye – en la personne des conjoints des agents concernés – auxquels ont été attribués des fonctions de gardiens, de façon à faire figurer sur la fiche de paie correspondante l'avantage en nature que représente le logement gratuit. Ainsi, Mme W, épouse de M. W, perçoit 99,68 € par mois d'avantage en nature logement, alors qu'une recherche sur Internet indique qu'elle serait infirmière libérale. Ces fonctions de gardiennage sont en réalité exercées par son conjoint.

L'emploi des indemnités de représentation du maire est insuffisamment justifié

L'indemnité doit toutefois répondre à un besoin réel et ne peut constituer un traitement déguisé, qui viendrait s'ajouter aux indemnités de fonction

L'examen par la Chambre des justificatifs des frais de représentation du maire, pour les exercices 2013 à 2015 montre que, sur une dépense totale de 26 671 € pour les exercices 2013 à 2015, 30 % concernent des repas, 20 % des dépenses vestimentaires. Pour 16 % d'entre elles, les justificatifs remis à la chambre ne permettent pas d'identifier la nature des biens ou des prestations achetées. En outre, en l'absence d'un suivi des dépenses à l'aide d'un tableur où devraient être identifiées clairement, à partir de l'agenda du maire, les réceptions et manifestations où il a représenté la commune, rien ne permet d'établir que les justificatifs présentés concernent des frais liés à l'exercice de ses fonctions, ni même qu'ils aient un lien avec l'intérêt de la commune.

Aucune facture ne figure parmi les justificatifs présentés. Seules des facturettes de carte de crédit permettent parfois d'identifier clairement les dépenses en cause dont l'intérêt public n'est pas toujours avéré. Il en va notamment de l'achat d'articles de sports, de parfums ou d'objets ou de prestations auprès d'un institut de beauté.

(Il faut noter que le maire dispose d'une carte bancaire de la mairie pour dépenser cet argent des contribuables...)

Dépenses pour la formation des élus et conflits d'intérêts

La formation des élus est majoritairement assurée par le centre d'information, de documentation, d'étude et de formation des élus, souvent désigné par son acronyme CIDEFE (organisme de formation des élus lié au parti communiste français) association établie à Montreuil. Les formations sont effectuées sur la base d'une convention signée par le maire à laquelle est jointe la liste des élus intéressés par les prestations de cet organisme, soit une quinzaine d'élus environ. En signant ces conventions, le maire se substitue aux élus et engage financièrement la commune sur un montant forfaitaire de prestations, acquitté au cours du premier trimestre de l'année, avant qu'elles aient été réalisées. L'article 6 des conventions stipule qu'elles peuvent être modifiées par avenant pour tenir compte du nombre réel de participants.

Un tel dispositif met quelque peu à mal le principe de libre choix par les élus des organismes de formation agréés (plus de 200) et méconnaît les principes de la commande publique.

Par ailleurs, l'antenne départementale du CIDEFE est une association créée le 1er février 1996. La déclaration de la liste des personnes chargées de l'administration de cette association, transmise à la préfecture du Rhône le 21 janvier 2016, fait apparaître que la première adjointe au maire et un conseiller municipal sont respectivement président et administrateur de l'association.

Il en résulte pour ces deux élus de commune, administrateurs de l'association, un conflit d'intérêts, dès lors qu'ils sont associés à la préparation de la décision du conseil municipal autorisant le maire à signer la convention avec le CIDEFE.

L'absence de stratégie de gestion et de valorisation du patrimoine.

Alors que l'ampleur de son patrimoine public le justifierait, la commune ne s'est pas dotée d'un schéma directeur immobilier visant à le mettre en adéquation avec les besoins réels de la collectivité et de ses partenaires (usagers, autres collectivités).

La valorisation du patrimoine privé de la commune pâtit d'une absence de stratégie. Ainsi, si la plupart des locaux commerciaux (2 284 m²) et logements (2 111 m²) est louée pour un loyer annuel moyen respectivement de 74,37 €/m² et 53,60 €/m², ces tarifs n'ont pas été discutés, ni fixés par le conseil municipal.

En outre, la question du prix vente de certains biens du domaine privé, en dessous de la valeur établie par le service des domaines, n'a pas été tranchée par le conseil municipal.

Or les offres d'achat reçues par la commune de Givors sont souvent inférieures à celles établies par le service des domaines

(Après le nouveau centre technique municipal et le nouveau centre de loisirs) La question du caractère proportionné de l'investissement aux besoins du service se pose aussi pour la création d'un nouveau groupe scolaire,

Les coûts de fonctionnement de la maison des associations et de la maison des sociétés (fluides, assurance, nettoyage et charges sociales) s'élèvent à respectivement 28,5 k€ et 27,7 k€ par an, soit un total de 56,2 k€ pour une surface totale de 4 470 m². Sur cette somme, seuls 16,1 k€ concernent les fluides consommés par les associations hébergées qui occupent une surface de 1 256 m². Le surplus semble attribuable à des surfaces non utilisées. Selon l'ordonnateur, il est envisagé de regrouper les associations dans un seul bâtiment qui serait dès lors totalement rénové. Mais d'une manière générale, aucune réflexion d'ensemble sur l'adéquation des surfaces disponibles aux besoins des partenaires associatifs n'est en cours.

Coût des travaux d'entretien du patrimoine communal

Le logiciel Astech permet en théorie d'établir des tableaux récapitulatifs par équipement afin de connaître, sous réserve d'un contrôle de l'exhaustivité et de l'exactitude des données, les coûts d'entretien du patrimoine, hors travaux d'électricité (ces données n'étant pas rentrées dans le logiciel). Mais la valorisation du temps homme est, pour toute la période sous revue, inférieure de 4,5 fois environ au coût total des salaires annuels des agents, ce qui jette un doute sur la façon dont cet outil est renseigné et relativise la portée des informations qu'il fournit.

Les coûts de nettoyage établis par la commune sont significativement plus élevés que ceux de la maintenance courante du patrimoine bâti

Chalet des neiges : un incroyable scandale

Dès septembre 2001, un audit des centres de vacances de la Chartreuse, montrait que le chalet était *« un équipement exigu, sans rénovations significatives depuis 25 ans [dont les] seules fonctions se résument au couchage et à la restauration, dans des conditions loin du confort attendu aujourd'hui »*. Par ailleurs le rapport remarque que cet équipement, qui était géré par une association paramunicipale jusqu'en 1996, n'avait pas fait l'objet d'un *« projet d'investissement, car la ville de Givors s'interroge aujourd'hui sur la conservation et la pérennité de la propriété48 »*. Cette interrogation semble se poursuivre depuis 2001, sans qu'aucune décision n'ait été prise.

L'absence de réflexion d'ensemble sur le patrimoine, tout comme l'absence de procès-verbaux des séances du conseil municipal ne permettent pas de comprendre, pourquoi la rénovation et le doublement de la surface de la maison des sportifs à Givors d'un coût total de 1,2 M€, ont été préférés à la rénovation du chalet, préalable à toute gestion déléguée.

Le coût présenté au conseil municipal semble (...) mal fondé.

Il ressort (...) que les prix fixés pour les prestations servies au chalet sont, dans leur ensemble, manifestement sans rapport avec le coût réel d'exploitation de ce bâtiment.

La commune de Givors, qui n'établit pas de facture et n'encaisse pas la TVA pour les prestations d'hébergement en pension complète vendues à des familles à titre individuel, devrait régulariser cette situation auprès des services fiscaux.

Une gestion qui n'a jamais été contrôlée

Aucun document n'a pu être retrouvé attestant que des visites inopinées aient été organisées par l'administration pour vérifier la bonne gestion de cet équipement. La comptabilité de l'économat et les comptes rendus de gestion n'ont pas pu être retrouvés non plus, si tant est qu'ils aient existé.

Malgré l'absence de la comptabilité tenue par le gestionnaire ou son adjoint, l'administration communale n'a exercé aucun contrôle sur les factures adressées par les différents fournisseurs à la commune.

En ce qui concerne les recettes, l'ordonnateur n'a pas été en mesure d'expliquer les anomalies apparentes résultant d'un contrôle croisé entre, d'une part les titres encaissés pour le paiement par les usagers des prestations fournies au chalet56 et d'autre part, les sommes enregistrées dans les logiciels de gestion,

La location abusive du chalet par un agent de la commune

La location abusive du chalet par l'agent chargé d'assurer sa gestion a été découverte par hasard en août 2013, une personne qui avait loué cet équipement directement à l'agent en charge de sa gestion ayant contacté la commune pour une autre période de location. Auparavant cet agent avait été suspendu par le maire, par arrêté du 17 juin 2013, pour conduite d'un véhicule municipal sans permis de conduire et « *faux en écriture avec utilisation du papier à en-tête de la ville et du nom d'un employé dans le cadre d'un litige privé le concernant* ». Après la découverte de ces faits, l'agent a été licencié par arrêté du 3 décembre 2013, à compter du 31 janvier 2014. Néanmoins, la commune n'a pas pu avoir connaissance des montants effectivement détournés.

La gestion du parc automobile municipal

Les véhicules figurant à l'actif de la commune passent de 97 en 2009 à 101 en 2015. Ces chiffres sont toutefois à prendre avec précaution, puisque, d'une part, le nombre de cessions excède le nombre d'acquisitions sur la période (-14 véhicules) et d'autre part, l'état du parc de véhicules communiqué à la compagnie d'assurances recense 93 véhicules en 2015.

L'administration communale n'a pas procédé à une analyse comparative du coût de revient de chaque véhicule au regard des solutions alternatives telles que notamment le remplacement des véhicules les plus anciens et/ou coûteux à entretenir avec ou non souscription d'un contrat d'entretien, ou la location ponctuelle ou de longue durée. Toutefois, l'ordonnateur indique qu'une mutualisation des services notamment du garage avec la Métropole ou avec des communes voisines est en cours.

Enfin, ce n'est que le 17 juin 2016 qu'une note de la direction générale des services a été adressée au service concerné pour signifier l'interdiction formelle d'utilisation privative du garage municipal.

L'utilisation par les agents des véhicules municipaux

Les deux notes du DGS du 29 mai 2009 et du 27 janvier 2014, à peu près identiques, insistent sur le fait que les véhicules ne sauraient être utilisés pour des déplacements personnels, ce qui sous-entend des dérives, inévitables par ailleurs en l'absence d'une note claire sur l'utilisation des véhicules.

Paradoxalement, alors qu'aucune délibération ne lui attribuait un véhicule de fonction, M. F. utilisait, selon l'ordonnateur, *« exclusivement (…) un véhicule de service avec lequel il effectuait ses déplacements professionnels et ses trajets domicile-travail. »*. En conséquence, l'utilisation du véhicule de service par M. F. était similaire à celle d'un véhicule de fonction même si une délibération du 23 octobre 2000 prévoit bien la possibilité d'accorder le remisage à domicile aux agents de la commune.

En outre :

- il était le seul à utiliser ce véhicule, comme en témoigne le carnet de bord, intitulé F, et non « Citroën C3 + immatriculation » ;
- une carte d'essence était attachée à ce véhicule;
- le carnet de bord du véhicule n'a jamais été rempli ;
- le véhicule dispose d'options spécifiques : une peinture noire obsidienne à 450 € (alors que les véhicules de service sont traditionnellement blancs à Givors) et un système de navigation multimédia à 1 440 € qui renchérissent le coût du véhicule de près de 2 000 €.

Il s'agit dès lors d'un avantage en nature qui n'a pas été valorisé dans le salaire de cet agent.

LA COMMANDE PUBLIQUE

Le service de la commande publique n'assure pas le recensement des besoins, chaque service agissant de façon autonome. Il ne gère pas non plus les plannings de mise en concurrence, les renouvellements reposant essentiellement sur le suivi des directeurs. De même qu'il n'assure pas le suivi des procédures en cours, il n'effectue pas le suivi des seuils, notamment pour les marchés à bons de commande, qui est assuré par la direction des finances.

Cette répartition « éclatée » de la commande publique procède de l'idée de diffuser une « culture de la commande publique » dans les services, au prix de ne pas pouvoir en identifier clairement le ou les responsables. Une telle organisation est, par elle-même, porteuse de risques dans la mesure où, à l'instar du contrôle interne en général, elle ne définit pas clairement les rapports d'autorité et de responsabilité.

L'absence de recensement des besoins

En application du code des marchés publics59, la commune doit recenser annuellement ses besoins en fournitures et services en fonction d'une nomenclature interne de familles homogènes afin de déterminer les seuils de procédure et de publicité légalement applicables aux achats envisagés.

La commune n'utilise pas de nomenclature.

Ce sont en effet les marchés dont la passation n'est pas assurée par le service de la commande publique qui sont le plus ouverts à des choix arbitraires. Ce constat ainsi que l'importance des achats hors marchés et l'absence d'un recensement normé des besoins, militent pour que l'ensemble de la commande publique soit regroupé au sein d'un service unique.

L'absence d'un véritable pilotage des ressources humaines

À la demande de l'ordonnateur, un « *diagnostic de la fonction ressources humaines* » a été établi par le centre de gestion de la fonction publique territoriale du Rhône, le 4 novembre 2013. Il s'agit en fait d'un audit organisationnel. Le rapport constatait un nombre de niveaux hiérarchiques excessif par rapport à l'effectif de la direction (4 niveaux pour 12 agents) source de lenteurs, une direction bicéphale et « *une organisation hiérarchique sans cohérence d'ensemble, ambiguë et peu lisible* ». En termes de répartition du temps de travail au sein de la direction, il était observé que la gestion administrative constituait une grande partie de l'activité au détriment de la valorisation des ressources humaines.

Effectifs contractuels et conditions de recrutement

Au cours de la période 2009-2015, l'effectif des contractuels est passé de 76 à 51 agents, mais en 2013 et 2014, il était de 95 agents. En outre, chaque année, au moins 500 contrats ont été conclus avec des agents non titulaires. (Rappel : les élections munici-pales ont eu lieu en mars 2014...)

Au cours de cette même période, 263 agents se sont vu accorder entre 18 et 45 contrats dont la majorité d'entre eux a été conclue sur la base de l'article 3-1 de la loi du 26 janvier 1984 (remplacement des fonc-tionnaires en congé), qui ne s'appliquait pas à leur cas.

Temps de travail

En définitive, le temps de travail annuel par agent est réduit de 43 heures par rapport à la durée légale (en ajoutant aux 29 heures du maire les 14 heures cor-respondant aux deux jours de fractionnement)

De surcroît, en contradiction avec le décret du 14 janvier 2002, des IHTS sont versées au personnel communal alors même qu'aucun système de con-trôle automatisé des horaires n'a été mis en place, ce que ne conteste pas l'ordonnateur. Il est donc im-possible de vérifier la matérialité des heures supplé-mentaires indiquées par les agents et rémunérées par la commune (ou récupérées par les agents), se-lon les exigences techniques de la réglementation.

Heures supplémentaires et astreintes fictives (1)

Une pratique dont l'ampleur n'a pas été mesurée

Le tableau « Astreintes et HS fictives »67 identifie les agents concernés pour qui les IHTS constituent un complément de rémunération acquis, forfaitaire, négocié à l'arrivée dans la commune (cas de l'agent C), suite à une menace de départ (agent A) ou parce que l'agent accepte de contribuer aux réunions publiques du maire (agent B). L'examen des données de la paye produites sous forme dématérialisée pour la période sous revue a permis de confirmer le caractère fictif de ces heures supplémentaires, qui se répètent systématiquement tous les mois, y compris pendant les périodes de congés ou d'arrêt-maladie.

Le nombre d'heures supplémentaires fictives réalisées sur la période 2009-2014 s'établit à :

- 288 heures pour l'agent A ;
- 355 heures l'agent B ;
- 1 750 heures pour l'agent C.

Heures supplémentaires et astreintes fictives (2)

Pour dix agents, les astreintes correspondent uniquement à une augmentation de rémunération, sans qu'une réelle contrainte organisationnelle pèse sur eux. Elles représentent 2 624 € par mois, soit 31 488 € par an. Deux agents ont continué à percevoir des astreintes alors même qu'ils étaient en congé maternité ou qu'ils sont en arrêt-maladie de longue durée depuis plus de trois ans.

N'ont pas été identifiés en 2014 comme bénéficiant d'astreintes sujettes à caution, les quatre agents des services techniques ou des espaces verts à qui était versée une astreinte de week-end de 103,50 € mensuels chacun, pour aller, à tour de rôle, arroser certaines plantes le dimanche, alors même que l'existence d'un système automatisé d'arrosage ne paraît pas devoir justifier le déplacement d'un agent. Dans un autre cas, les astreintes ont constitué la compensation de la fin d'une mise à disposition gratuite de logement.

Régime indemnitaire à la tête du client

Certains agents d'exécution, à force de primes et d'avantages stratifiés, se voyaient octroyer une rémunération supérieure à celle de certains cadres. Ainsi, un agent d'entretien, gagnait, pendant la période sous revue, davantage que le directeur juridique ou que la responsable finances-comptabilité devenue directrice des finances.

Le débat d'orientation budgétaire

Les documents présentés à l'appui des débats, préparés par le cabinet jusqu'en 2015, sont dans l'ensemble très insuffisants, notamment en termes de financement des investissements et de pluri annualité des engagements.

La difficulté à réduire les charges de fonctionnement

Les charges de personnel, déjà très élevées en début de période, ont connu une évolution très défavorable, passant de 64 % des charges de gestion courantes en 2009 à 70 % en 2015.

Le niveau très élevé de ce ratio est l'indice d'une très forte rigidité de ces dépenses. En d'autres termes, la possibilité de les réduire de façon significative sur une période relativement brève est très faible.

FIN !

Givors, le 7 janvier 2018

Ce texte recueille des extraits réalisés par Alain Pelosato à partir du rapport daté du 20 juillet 2017 de la Chambre régionale des comptes de Lyon. Ce document a été publié « perle » par « perle », chaque jour, sur la page Facebook du *Défi givordin* entre les mois de novembre et janvier.

Le 22 février 2017, le Parquet de Lyon a ouvert une enquête préliminaire suite à la plainte de la CRC visant le maire de Givors et la municipalité pour les chefs de détournements de fonds publics, prise illégale d'intérêt, faux et favoritisme. Vu le contenu de ce rapport, on comprend la démarche des magistrats de la CRC.

Le rapport complet de la Chambre Régionale des Comptes (CRC) peut être téléchargé sur notre site : http://www.defigivordin.info/ARA201753_0.pdf

Il y a eu un autre rapport accablant de la CRC, celui de la gestion de la SAGIM, société d'économie mixte de la ville de Givors, présidée par Passi (et désormais

Charnay), et dont le conseil d'administration est dominé par les élus de la majorité du conseil municipal,
la ville de Givors détenant 80 %des actions.

Comment la Chambre régionale des comptes remonte les bretelles à M. Passi pour sa (mauvaise) gestion de la SAGIM

SAGIM = société d'économie mixte de la ville de Givors. Autrefois SACVIG, CODEGI et Givors développement

Les perles du rapport de la chambre régionale des comptes (CRC) sur la Sagim (société d'économie mixte de la ville, ex Givors développement, ex Codegi, présidée par Passi avec 6 autres "administrateurs" élus de la majorité).

1) Introduction
Le conseil d'administration n'a pas su mettre en cohérence l'excédent de fonds propres qui résultait de la vente du patrimoine de logements sociaux à l'OPAC du Rhône avec l'activité de la société, en grande partie repositionnée sur des marchés concurrentiels. Si quelques opérations d'immobilier d'entreprise locatif conclues avec des acteurs institutionnels ont été réalisées dans de bonnes conditions, pour le reste, la société était mal préparée à ce changement radical d'environnement économique.
2) Introduction

Le choix délibéré de vendre les logements construits au-dessous du prix du marché, dans un secteur concurrentiel, et l'insuffisante application, voire l'absence, de critères d'engagement préalables aux opérations ont conduit à des pertes pouvant être chiffrées à 440 k€ pour la période sous revue.

3) Introduction

Le métier de lotisseur suppose de définir une politique de réserve foncière cohérente. Tel n'étant pas le cas, une parcelle acquise en 2006, sans l'avis des domaines, a ainsi été vendue à un prix très inférieur au prix d'acquisition, entraînant une perte de 418 k€ pour la société. De même, le lotissement au lieu-dit « Les Bruyères » a rapporté 86 k€ à la société qui, toutefois, doit rembourser à la commune 232 k€ de travaux sur la voirie communale, effectués sans mandat. Par ailleurs, une partie des réserves foncières a été vendue en 2012 à la commune dans le seul but d'améliorer le résultat net comptable de la société. (NDLR : Parce que le Défi givordin par la voix de Jean-Marc Bouffard et de Michelle Palandre a attaqué les délibérations illégales de la commune concernant cette somme versée à Givors développement, aujourd'hui Sagim)

4) Introduction

La construction du centre commercial de Bans, qui devait rapporter 815 k€ sur trente ans, enregistre déjà une perte de 732 k€ et repose sur un montage juridique permettant à un opérateur privé de conduire une opération qui excédait largement ses capacités financières.

5) Introduction

L'aménagement de la zone d'activité concertée des anciennes verreries « VMC », initié en

2005, ne s'achèvera qu'en 2018. Elle sera alors transférée de plein droit à la Métropole de Lyon. L'opération, qui a souffert de nombreux aléas dont la société ne peut être tenue responsable, repose sur un traité de concession dont les cinq avenants ont bouleversé l'économie générale. Initialement conclu pour une durée de cinq ans, avec une participation financière du concédant de 580 k€, il courra finalement sur une durée de 13 ans, la participation financière de la ville de Givors s'élevant à 5 M€, dont 2 M€ refinancés par la

Métropole de Lyon.

6) Introduction

L'insuffisante rentabilité de la société lui impose d'engager sans délai une réflexion sur son avenir en tenant compte du contexte métropolitain et de l'intérêt de la commune.

7) Au cours de la période sous revue, le conseil s'est réuni quatre fois par an, sauf en 2013 où trois réunions ont été tenues. Les procès-verbaux recensent les décisions prises, le président et le représentant légal de la société reconnaissant toutefois que les débats préalables ne sont pas retranscrits. Ces documents montrent, par ailleurs, que peu d'administrateurs, à l'exception du représentant de la Caisse des dépôts et consignations, expriment clai-

rement une position argumentée sur les projets de décision qui leur sont soumis.

8) **La SEM était liée, jusqu'au 31 décembre 2012,** à la société centrale d'équipement du territoire, devenue en 2007 « Société, Conseil, Expertise, Territoires » (SCET), par un contrat de gestion d'un montant de 165 k€ en 20124. Lors du conseil d'administration du 8 juin 2012, le maire de Givors, président de la SEM, met en cause directement la SCET qui aurait conseillé de lancer des opérations nouvelles alors que « leur sortie opérationnelle n'était pas garantie. » Il indique, en outre, que les missions de la SCET doublent celles dont la SEM s'acquitte par elle-même en interne. *Néanmoins, les opérations citées dans le procès-verbal avaient toutes été initiées au cours de la période durant laquelle le maire était à la fois le président du conseil d'administration et le directeur général de la SEM.*

9) Si le coût total de la gestion de la société est resté stable sur la période, les variations des coûts du personnel en 2011 (+ 98 %) et en 2013 (+ 98 %) ne sont pas ou très mal expliquées dans les rapports de gestion, alors même que les effectifs n'ont pas varié de façon significative.

10) À propos des CRACL (compte rendu d'activité à la collectivité locale) sur la ZAC de VMC (pôle automobile)

La rubrique « *acquisitions foncières* » contient des informations incohérentes d'une année sur l'autre. La surface acquise varie ainsi, selon les exercices : 84

510 m² dans les CRACL 2008 et 2009, 99 953 m² en 2010, 84 510 m² en 2011, puis de nouveau 99 953 m² à partir de 2012. En réponse aux observations provisoires sur ce point, la SAGIM a indiqué que la surface exacte était de 99 953 m² et que les autres valeurs étaient erronées.

La surface à commercialiser présentée dans les comptes rendus est de 67 000 m², alors qu'elle est en réalité légèrement supérieure à 64 000 m². Un projet de régularisation des emprises foncières est joint au compte rendu pour l'exercice 2015, mais les chiffres des surfaces reportées sur le plan sont illisibles.

(NDLR : Il faut noter que dès 2008 Michelle Palandre - qui a toujours étudié ces CRACL dans les détails – a attiré l'attention du maire/président de la SEM et du conseil municipal sur ces incroyables incohérences (et d'autres qui suivront) sans que jamais il n'en tienne compte. La CRC confirme donc le travail persévérant de l'élue d'opposition !)

11) La concession d'aménagement de la ZAC de VMC signée le 5 septembre 2005 entre la commune et la société, pour une durée de cinq ans, prévoyait une participation de la collectivité concédante de 578 273 € HT.

Les difficultés de la deuxième phase de commercialisation ont abouti à la signature de quatre avenants successifs, en date des 26 octobre 2012, 27 novembre 2013, 30 septembre 2015 et 19 mai 2016, qui ont porté la participation de la collectivité à plus de 4,5 M€ et reporté l'échéance de la concession au 1er novembre 2018.

Se pose dès lors la question de la taille et de la nature de l'opération, au regard des preneurs potentiels qui avaient été préalablement identifiés.

12) Le bilan de l'opération ZAC de VMC

Le coût total pour la commune de Givors sera donc de l'ordre de 5 M€ dont seront déduits 2 M€ versés par la Métropole à l'échéance de la concession, prévue en 2018. La ZAC sera transférée à la Métropole « à une date qui sera fixée entre la fin des travaux et l'approbation du bilan définitif de la ZAC. »

(...) À tout le moins, la taille du projet, le caractère réaliste de sa durée, ses modalités de financement et la participation prévisionnelle du concédant auraient dû faire l'objet d'une information et d'un débat préalables à la signature du contrat. La SEM pâtit aujourd'hui d'une décision mal éclairée prise en 2005.

13) La décision de lancer une opération dénommée « zone d'aménagement concerté (ZAC) de Montrond » a été prise par le conseil d'administration du 21 octobre 2004. (Alors qu') Aucune ZAC, au sens du code de l'urbanisme, n'a été créée par la ville de Givors.

(...) les travaux de voirie et de raccordement concernant le lotissement de la ZAC de Montrond, d'un montant de 231 997 €, ont été confiés à la société par une simple délibération du conseil municipal en date du 29 novembre 200411. La délibération autorisait la vente du tènement foncier à la SAGIM (alors COGEDI) et lui confiait la réalisation des travaux de voirie et de viabilisation. Toutefois, la procédure de mise en concurrence ne semble avoir été lancée qu'au premier semestre de l'année 2005. En effet, le 15 juin 2005, le conseil d'administration est informé que la commune de Givors a lancé une consultation pour la construction des voiries à laquelle la société a participé. Néanmoins, aucune convention de mandat ne semble avoir été signée entre la société et la commune.

Le 26 octobre 2006, le conseil prend acte que le bilan de l'opération a été modifié pour tenir compte « de travaux réalisés pour le compte de la commune, qui vont lui être refacturés. » Par une délibération du 28 mai 2008, puis par une délibération du 1er octobre 2009, le conseil municipal a accepté de rembourser à la SEM les dépenses relatives à ces travaux, effectués par des entreprises qui n'avaient pas été choisies par appel à la concurrence.

Ces deux délibérations ont été annulées par le tribunal administratif de Lyon le 8 décembre 2011, jugement pour lequel le maire n'a pas interjeté appel. Le motif d'annulation est le défaut d'information du conseil municipal du 28 mai 2008, le mémoire de la SEM relatif à cette opération n'ayant été transmis que le 20 juin 2008.

Le 30 juin 2016, le tribunal administratif de Lyon a annulé la délibération du 18 décembre 2012, par laquelle le conseil municipal a, à nouveau, autorisé le versement de la même somme à la société. Le motif d'annulation est l'insuffisante information des conseillers au moment où la délibération a été prise.

(NDLR : ces annulations par le tribunal administratif ont été le résultat de requêtes du Défi givordin sous la signature de Jean-Marc Bouffard. Passi n'ayant pas voulu appliquer la décision du tribunal, il a fallu saisir de nouveau le tribunal administratif pour imposer à Passi l'application de cette décision. La SAGIM a donc été obligée de rembourser les 231 997 € à la commune !

La création de ce lotissement a donc entraîné le dépôt de cinq requêtes au tribunal administratif, quatre signées par Jean-Marc Bouffard et une par Michelle Palandre !)

14) Depuis 2010, la SEM et la ville sont liées par un contrat pour « *le développement économique* » au sens de l'article L. 1523-7 du CGCT. Ces contrats permettent à la commune de Givors d'attribuer des avances ou des subventions « *destinées à des programmes d'intérêt général liés à la promotion économique du territoire ou à la gestion de services communs aux entreprises.* » À ce titre, la commune a attribué un montant total de subventions de 300 k€ à la SEM pour les exercices 2010 à 2013.

Le 26 juin 2014, une nouvelle convention a été signée par les mêmes parties, pour permettre le versement de plus de 268 k€ à la SEM pour les exercices 2014 et 2015.

(…)

Le fait qu'au surplus, la réalisation de deux études a été confiée par la SEM à des prestataires privés dénote l'insuffisance de compétences au sein de la société et relativise l'intérêt réel pour la commune de lui confier de telles missions.

(…)

La faiblesse structurelle de la SAGIM ne lui permet pas d'exercer de réelles missions de développement économique, dans un contexte métropolitain où des acteurs importants présentent déjà des compétences et une expérience certaines.

(NDLR : De fait cette subvention de 568 000 € - un demi-million ! - n'a été qu'une subvention permettant à la société de sortir la tête de l'eau. Voilà à quoi a servi l'argent des contribuables, ce que nous n'avons jamais cessé de dénoncer quand les délibérations ont été présentées au conseil municipal ; subventions toujours votées par les élus PCF, PS, et autres « personnalités »... Aucun travail pour le développement économique de Givors n'a été réalisé !!!!)

15) Les réserves foncières

L'acquisition la plus importante, autorisée par le conseil d'administration du 26 octobre 2006, a été effectuée auprès de particuliers. Il s'agissait d'une parcelle de 23 205 m² située sur une colline au-dessus de Givors, au lieu-dit « Le Bouchage ». La transaction a été effectuée pour 812 175 €, soit 35 €/m². Selon l'article 23 de la loi n° 2001-1168 du 11 décembre 2001 modifiée, l'avis des domaines aurait dû être sollicité avant que le conseil ne puisse décider de cette acquisition. Or tel n'a pas été le cas, la société n'ayant pas été en mesure de faire parvenir à la chambre cet avis qui, par ailleurs, n'est pas mentionné dans l'acte d'acquisition signé le 27 décembre 2006.

Le conseil d'administration du 26 novembre 2012 a autorisé la vente de la parcelle à la commune de

Givors, au prix alors estimé par le service des Domaines de 395 000 €, représentant une moins-value de 417 175 €. L'annexe aux états financiers pour l'exercice 2012 précise d'ailleurs que l'étude de faisabilité effectuée sur toute la zone ne permettait pas d'envisager la réalisation d'un lotissement à court ou à moyen terme.

(NDLR : Ben, dites donc ! Le particulier qui a vendu ce terrain a fait un bénéfice net de 417 175 € !)

16) Cette opération (du Bouchage, voir perle précédente) doit être mise en regard de la dernière échéance, de 1,4 M€, d'un prêt de 4 M€, que la société devait rembourser à la Caisse des dépôts et consignations pour le financement de la ZAC VMC. Le prêteur avait accepté, le 5 juin 2012, de scinder cette échéance en deux versements, les 1er mai et 31 octobre 2012. Outre la vente du terrain au lieu-dit « Le Bouchage », les administrateurs avaient décidé que soient cédées deux autres parcelles à la commune pour un montant de 621 000 €. L'ensemble des cessions représentait plus d'un million d'euros. Le conseil municipal avait autorisé l'achat des trois parcelles le 16 octobre 2012, les actes définitifs ayant été signés le 6 décembre 2012. Cette façon de procéder, qui a permis d'obtenir une grande partie des liquidités nécessaires au paiement de l'échéance, illustre la prise de position du président de la SEM lors du conseil d'administration du 8 juin 2012 : « La Sem a aidé la ville quand elle était en difficulté ; aujourd'hui la ville peut inversement aider la société en

lui rachetant par exemple les réserves foncières acquises par Givors développement. »

(NDLR : incroyable non ?)

17) Le 7 juin 2004, les administrateurs avaient constaté que la société se situait très en-dessous de la norme nationale des 3 000 logements pour assurer une gestion locative efficace, et décidé la mise en vente du patrimoine locatif social. Contrairement à ce qui leur a alors été présenté, la santé financière de la société était aussi largement en cause, la mission interministérielle d'inspection du logement social13 (MIILOS) ayant constaté, dans un rapport présenté au conseil d'administration du 15 juin 2005, que « la situation financière est très fragile en raison d'un endettement élevé et de loyers inférieurs aux loyers plafonds » et que « les nouvelles opérations locatives déséquilibrées qui ont été réalisées ont encore contribué à dégrader la situation. »

18) Le plan à moyen terme élaboré par un prestataire privé, et dont les administrateurs ont pris connaissance le 16 juin 2006, visait à établir différents scénarios de financement des opérations nouvelles, tenant compte de 9 M€ de trésorerie disponible consécutive à la vente du parc de logements sociaux de la société en 2005 et en 2006. Aucune décision n'a été prise sur le niveau de fonds propres à placer ou à mobiliser pour financer les opérations ni quant aux critères d'engagement des opérations (maîtrise des risques et retour sur investissement, notamment)

recommandés par la Caisse des dépôts et consignations.

19) Le 7 juin 2010, un autre plan à moyen terme, élaboré par la SCET, est présenté aux administrateurs qui n'ont, à nouveau, pris aucune décision quant au financement des opérations. Cette question était pourtant particulièrement sensible puisque le plan d'affaires prévisionnel prévoyait un résultat avant impôts négatif, devenant positif à partir de 2012 et s'améliorant progressivement jusqu'en 2014. Les administrateurs de la Caisse des dépôts et consignations et de la Caisse d'Épargne avaient mis en garde le conseil sur la nécessité que les opérations soient a minima à l'équilibre et de disposer d'un « scénario dégradé s'agissant notamment des opérations de promotion dont la faisabilité n'est pas acquise à ce jour, au regard des objectifs prudentiels en termes de précommercialisation.

Le positionnement stratégique difficile de la société, évoqué dans le plan à moyen terme de 2010, découle du choix effectué en 2006 de ne pas ouvrir à la communauté urbaine du Grand Lyon le capital de la société, confinant au seul territoire de la commune de Givors son activité de conduite d'opérations de revitalisation de l'immobilier commercial ou de construction-réhabilitation de logements dans le centre-ville.

20) Le 17 juillet 2012, le conseil d'administration a approuvé à l'unanimité l'engagement d'une étude de « plan stratégique de la société ». Le rapport final, intitulé « plan à moyen terme 2013-2017 », a été

présenté le 13 mars 2013 aux administrateurs qui en ont pris acte.

La décision prise par le conseil d'administration est rédigée de façon imprécise, si bien qu'il n'est pas aisé de connaître avec certitude les orientations validées. Celles-ci auraient pourtant dû être d'autant plus affirmées que, après la fin du contrat de gestion avec la SCET, la SAGIM n'avait plus d'agent assurant les fonctions de « monteur d'opérations », la personne qu'elle avait recrutée sur le poste l'ayant quitté en août 2015 dans le cadre d'une rupture conventionnelle.

La capacité de la SAGIM à conduire des opérations propres s'en trouve singulièrement limitée.

Ainsi à partir de 2012, la société n'a plus engagé d'opérations nouvelles, un agent assurant la commercialisation des seuls biens en stock. Le projet de création d'une zone d'activité artisanale dans le secteur des Bans, pour sa part, n'a pas prospéré, du fait notamment des doutes exprimés par l'administrateur de la Caisse des dépôts et consignations *« sur la viabilité économique et l'intérêt d'un tel projet au regard des marges relativement faibles. »* Ainsi, faute d'un positionnement adéquat tenant compte du contexte métropolitain, la société a abandonné ses activités de promotion pour se recentrer sur la seule gestion locative.

21) Au cours de la période sous revue, quatre opérations de promotion ont été finalisées :

☐ le « Jardin des étoiles », construction de seize logements, lancée en 2007 ;

⊡ le 11 rue Neuvesel, construction de huit logements, autorisée le 15 juin 2005 ;

⊡ la résidence Barbusse, réhabilitation de sept logements, autorisée le 16 juin 2006 ;

⊡ l'opération mixte Pierre Sémard (locaux administratifs, dont le pôle petite enfance, et logements), autorisée le 13 octobre 2009.

Toutes ces opérations ont fait l'objet de réserves ou d'une opposition de la part de l'administrateur de la Caisse des dépôts et consignations, de retards et de difficultés de commercialisation.

Les pertes définitives ne sont jamais clairement exposées, le conseil d'administration n'approuvant que des bilans prévisionnels et jamais de bilans de clôture définitifs des opérations. Pour les quatre opérations, le total des pertes est de l'ordre de 440 k€.

Ces pertes s'ajoutent à celle de 244 k€ constatée en 2007 au bilan de l'opération « *programme Pasteur* » et qui a fait l'objet d'un redressement de la part de l'administration fiscale le 31 juillet 2009. (!)

22) Le 8 juin 2012, le président de la SEM (M. Passi) rappelle que « les administrateurs de la ville avaient accepté, à la demande du directeur régional de la SCET, un résultat fortement déficitaire sur l'année 2010, sous réserve que cette situation ne se reproduise pas. Il avait été ainsi proposé par la SCET de mettre tous les projets en déséquilibre, soit 558 000 € afin, comme l'affirmait la SCET, de repartir du bon pied. » Néanmoins, aucun procès-verbal des

réunions du conseil d'administration en 2010 et en 2011 ne permet d'étayer une telle affirmation.

La chambre constate que les opérations immobilières qui auraient dû dégager un bénéfice à hauteur de 7 % au moins des capitaux investis selon les prévisionnels se sont soldées par des pertes dues à des décisions du conseil d'administration. Ces ventes à perte constituent autant d'actes anormaux de gestion auxquels le président de la société aurait dû s'opposer.

Son positionnement manifestement favorable à ces actes a été partagé par les autres administrateurs, membres du conseil municipal de la ville Givors.

23) Le centre commercial de Bans

Le 16 juin 2006, le conseil d'administration a pris acte du fait que « le bilan prévisionnel est très supérieur à l'enveloppe budgétaire du maître d'ouvrage » et qu' « une solution de montage alternative est à établir avec le porteur de projet. » Le 26 octobre 2006, il autorise la conclusion d'un bail à construction entre la SAGIM (alors CODEGI) et la SCI « Les Lônes » qui transfère, pour une durée de trente ans, la propriété des biens construits à la SEM, alors que le terrain de construction demeure la propriété du cocontractant. Il n'est pour autant pas mis fin au contrat d'assistance à maîtrise d'ouvrage.

Le 13 juin 2007, le conseil d'administration est informé que la société Lidl a pris possession des locaux et qu'une convention a été conclue entre la commune et Lidl pour employer en priorité des Givordins. Les travaux seront réceptionnés sans réserves le 12 juillet 2007 par le maître d'oeuvre. Le super-marché ouvrira ses portes au public au début du mois d'août 2007.

Rien n'est dit sur la démolition et la reconstruction du vestiaire qui, en principe, revenaient à la SCI « Les Lônes ».

Le bail à construction permet à la SEM de justifier a posteriori le paiement irrégulier des travaux de l'opération dont le montant total dépassait les capacités financières de la SCI

24) Centre commercial de Bans

Cette présentation synthétique (NDLR Du passage au bail à construction) ne permet pas de comprendre comment a été prise la décision d'engager la société dans une opération très différente de l'exécution d'un simple contrat de maîtrise d'oeuvre, alors que plusieurs informations indispensables à un débat préalable à un tel changement d'orientation auraient pu être prises en compte. Il s'agit notamment du fait que les terrains d'assiette appartenaient toujours à la ville de Givors, et que la SCI « Les Lônes », constituée en 2004 avec un capital de 50 k€, n'avait pas la capacité financière de porter un projet de construction, estimé par son propre maître d'oeuvre, le 24 juin 2005, à 1,3 M€ HT, soit la moitié de l'estimation réalisée par la SCET un an plus tard.

En outre, les administrateurs ne semblent pas avoir été informés qu'en septembre 2006, la SEM, dans le cadre de la convention d'assistance à maîtrise d'ouvrage passée avec la SCI

« Les Lônes », s'était adjoint les services d'un autre maître d'oeuvre qui avait sélectionné les entreprises dès mai et juin 2006, les travaux démarrant en septembre 2006[27]. Les marchés seront signés le 1er mars 2007[28] et font état de travaux débutant le 20 novembre 2006 et devant se terminer en juin 2007.

25) Centre commercial de Bans

la commune pouvait consentir un bail à construction à la SAGIM (alors COGEDI), lui permettant ainsi de développer son activité de location de locaux d'entreprise, sur les terrains dont elle était alors toujours propriétaire. Dans ce cadre, la SEM aurait dû mettre fin au contrat d'assistance à maîtrise d'ouvrage avec la SCI « Les Lônes », puis reprendre ses engagements vis-à-vis de la société Lidl, procéder à l'achat des terrains, poursuivre la construction des locaux. Devenue ainsi propriétaire des bâtiments qu'elle avait elle-même construits, la SEM aurait pu les louer à différents preneurs, dont la société Lidl et deux autres prospects qui avaient été identifiés pour occuper le reste des surfaces disponibles.

Telle n'a pas été la logique retenue : la SCI est partie prenante au bail à construction et l'ensemble des locaux lui ont été loués, en conséquence de la décision prise par le conseil d'administration le 26 octobre 2006.

5.4.4- En accordant à la SCI un contrat de location d'une durée équivalente à celle du bail

à construction, la SEM a pris un risque injustifié. Le choix d'un contrat inadapté a été aggravé par la signature, le 1er juin 2007, d'un bail de location de longue durée de 30 ans entre la SEM (loueur) et la SCI « Les Lônes » (preneur), qui était autorisée à sous-louer les locaux.

26) Centre commercial de Bans

Alors que cette opération n'aurait jamais dû être confiée à une société tiers au moyen d'un bail à construction, sur un terrain que la SAGIM pouvait aisément acquérir, la chambre souligne que le conseil d'administration a cherché à résoudre les litiges liés à cette opération en autorisant le principe de solutions hasardeuses, qui ne préservaient pas les intérêts de la société et qui se sont révélées impraticables, dès lors que les informations sur la situation financière de la SCI « Les Lônes » ont été acquises.

La chambre observe que l'obtention de telles informations était un préalable à toute résolution amiable des litiges nés de cette opération. Elle observe, par ailleurs, que si la solution amiable désormais en discussion repose sur la logique financière des contrats, elle élude la question du financement des aménagements intérieurs préalables à la commercialisation des espaces disponibles. En outre, le recouvrement des loyers non versés par la SCI « Les Lônes », entre 2007 et 2014, d'un montant total de 731 k€, serait définitivement compromis. Cette perte, qui ne tient pas compte des intérêts moratoires légaux, et n'intègre pas 35 k€ restés à la charge de la SAGIM après remboursement des travaux de consolidation par son assurance, est à mettre en regard du résultat net attendu de l'opération, estimé par la SCET à 815 k€.

27) Des prêts hallucinants !

En réalité, les taux (des prêts) mentionnés dans les rapports de gestion ne sont pas les taux fixes des emprunts, mais des « barrières », c'est-à-dire des seuils au-dessus desquels est appliqué le taux sous-jacent, à sa valeur de marché, sans marge pour le prêteur ni plafond au bénéfice de l'emprunteur. Les informations présentées aux membres de l'assemblée générale sont incomplètes et masquent le fait qu'au 31 décembre 2015, le capital restant dû au titre des emprunts structurés est de 3 838 964 €, soit 28 % de l'endettement total.

Ces prêts structurés font peser sur la SEM à la fois les inconvénients des prêts à taux variables et ceux des prêts à taux fixes.

Les conditions auxquelles ces prêts ont été conclus sont d'autant plus contestables que le représentant de l'établissement prêteur était présent au conseil d'administration. La chambre recommande à la SEM de procéder à une analyse coûts-avantages d'une renégociation des prêts, qui devra être présentée au conseil d'administration.

28) Conclusion du rapport (résumé)

La société avait été contrainte à vendre son parc de logement social en 2005, du fait d'une situation financière très fragile, aggravée par des opérations locatives déséquilibrées. Cette vente a permis de renouer avec une situation financière hors norme, caractérisée par une surabondance des fonds propres provenant non pas de l'activité de la société, mais de la cession de la plus grande partie de ces actifs. Des opérations immobilières privées, à leur tour déséquilibrées, ont contribué à une détérioration des fonds propres et à l'arrêt définitif de ce type d'opérations. (...) Dans ces conditions, la question de l'adéquation du niveau des fonds propres41 à l'activité de la société, qui se posait déjà en 2007, se pose aujourd'hui avec d'autant plus d'acuité que sa rentabilité est appelée à se dégrader dans les années à venir. La chambre recommande donc à la société d'engager sans délai, avec la ville de Givors, une réflexion sur son avenir, tenant compte du contexte métropolitain et de l'intérêt bien compris de la commune qui doit gérer un très important patrimoine, au service de ses habitants.

Résumé réalisé par **Alain Pelosato**

Passi/Charnay s'exposent-ils à des poursuites pénales pour « dénonciation de délit imaginaire » ?

Article 434-26 Code pénal:

"Le fait de dénoncer mensongèrement à l'autorité judiciaire ou administrative des faits constitutifs d'un crime ou d'un délit qui ont exposé les autorités judiciaires à d'inutiles recherches est puni de six mois d'emprisonnement et de 7500 euros d'amende."

En janvier 2018, en tant que directeur de la publication du Défi givordin, je recevais par email la copie de trois documents provenant de la mairie : une note manuscrite de M. Passi demandant au cabinet du maire de l'abonner au journal l'Humanité et de *le faire envoyer à sa résidence secondaire* , un email de madame Charnay, la maire, qui donne suite à sa demande et un abonnement SNCF au nom de M. Passi d'un montant de 1000 euros payés par la SAGIM pour des voyages en train Givors-Paris.

Nous savions à l'époque que la personne qui nous avait transmis ces documents avait également fait un signalement au procureur. Cette personne a donc été entendue par la police judiciaire qui, suite à son audition, a réalisé une perquisition en mairie. La police a également auditionné madame Charnay lors de cette perquisition. Celle-ci, très en colère, a déposé une plainte contre X pour vol de documents, croyant bêtement que c'était notre publication qui avait déclenché l'enquête préliminaire du Procureur. Elle aurait dû se renseigner avant de faire une telle bêtise.

Monsieur Passi, l'ex-maire condamné par le tribunal correctionnel pour prise illégale d'intérêt, n'y est pas allé par quatre chemins, il a déposé plainte pour vol de documents contre Michelle Palandre et moi-même ! C'est grave ! Une dénonciation calomnieuse. D'autant plus que :

-      aucun document n'a été volé, puisque le Code pénal définit le « vol » dans son article 311-1 : « **Le vol** est la soustraction frauduleuse de la chose d'autrui » et que rien n'a été « soustrait » puisque les documents en question sont toujours en possession de la mairie et de monsieur Passi.

-      M. Passi et Mme Charnay connaissent très bien la personne qui a envoyé la copie de ces documents au Défi givordin !

-      Enfin, cette personne ne se cache pas, puisqu'elle a effectué un signalement au procureur et a été entendue par la police judiciaire...

Michelle Palandre et moi-même avons donc été convoqués au commissariat de Givors où la plainte a été déposée. Les officiers de police judiciaire ignoraient que le Procureur avait été destinataire d'un signalement ! Ils ont donc travaillé pour rien. Michelle Palandre n'avait rien à voir avec ce problème, car c'est moi qui suis directeur de publication du Défi givordin et juridiquement responsable de cette publication, et moi seul. En tant que directeur de publication d'un organe de presse je suis protégé par la loi sur la presse de 1881 qui préserve le secret des sources. Je n'ai donc pas donné à la police le nom de la personne qui m'a communiqué ces documents! Et je ne le donnerai pas.

Ce n'est pas la première fois que M. Passi s'engage dans ce chemin périlleux des plaintes déposées sans aucun fondement…

Mais, en fait, c'est monsieur Boudjellaba qui a tracé le chemin : en effet, en 2006 il a déposé plainte contre moi pour « incitation à la haine raciale », car, sur mon blog de l'époque, j'avais dénoncé le communautarisme. J'ai donc été convoqué au commissariat. L'officier de police judiciaire s'est excusé en me disant qu'il était obligé de m'interroger. Cette stupide plainte de M. Boudjellaba qu'il n'a pas eu le courage de faire en son nom propre, mais au nom de l'association « Vents du sud », n'a eu aucune suite !

Il y a quelques années, le maire de l'époque, M. Passi, ânonnait, lors d'un conseil municipal, des chiffres complètement en dehors du sujet ce qui m'a fait m'exclamer : « Arrêter de faire le con ! » Il a fait un signalement au procureur qui n'a eu aucune suite ! J'admets que mon exclamation manquait de politesse, mais de là à porter plainte. L'impolitesse n'est pas un délit pénal.

Enfin, lors du conseil municipal du 11 juin 2018, alors que Michelle Palandre protestait contre **l'ignoble**

campagne de mensonges de la part de Mme Charnay et de M. Passi concernant l'action justifiée de
l'élue d'opposition empêchant la cession gratuite de
terrains de la commune à l'hôpital , ce en quoi le
tribunal administratif lui a donné raison, ce qui n'a
aucunement empêché l'hôpital de construire ses
nouveaux bâtiments, puisque tout un chacun peut
les voir et les fréquenter, et cela sur des terrains qui
restent propriété de la commune. Or, la maire Charnay et l'ex-maire Passi prétendaient que cette décision du tribunal administratif aurait empêché la réalisation d'une soi-disant maison de santé, projet qui
n'a existé que dans l'imagination fiévreuse de M.
Passi... La maire Charnay a osé répondre à Michelle
Palandre que ce projet n'avait jamais été public, mais
qu'il en aurait été question au conseil
d'administration de l'hôpital ! Je protestai alors :
« *On se croirait en Union soviétique et peut-être
même en Allemagne nazie. Plus le mensonge est gros
plus il porte !* » Ce qui m'a valu des exclamations in-
dignées et une plainte pour « insultes publiques »
annoncée au conseil municipal de fin septembre
2018. Plainte agrémentée d'un article insultant à
mon égard de la part des élus communistes et de
leurs « idiots utiles » dans la rubrique d'expression
des groupes du journal municipal. Insultant à mon
égard et aussi à l'égard de la mémoire de mes deux
oncles maternels assassinés par les nazis, l'un mort
au camp de concentration de Mauthausen et l'autre
mort sous la torture à Bologne. Ma grand-mère n'a

pas survécu au chagrin de la perte de ses deux jeunes fils dont elle n'a pas pu faire le deuil, car on n'a jamais retrouvé leur corps...

Il ne fait aucun doute que cette plainte, comme les autres, n'aura aucune suite. Si elle en avait, cela me permettra de montrer à la justice la duplicité de la clique Charnay/Passi...

Pour conclure.

Moi aussi j'ai fait des actions judiciaires. Elles ont porté leur fruit puisque Passi et Goux ont été condamnés. D'autres sont en cours. Je ne les ai jamais faites individuellement. Je les ai faites au nom de l'association de défense des contribuables de Givors. Je les ai déposées après adoption par l'assemblée générale de mon association que nous avons créée en 2005 avec mon ami Jean-Marc Bouffard qui en fut le premier président, et d'autres amis, toujours présents...

D'autres sont en cours, notamment suite à **des plaintes de la chambre régionale des comptes contre M. Passi, l'ex-maire de Givors pour des chefs de détournement de fonds publics, prise illégale d'intérêts, faux et favoritisme**...

Alain Pelosato
Givors, le 22 octobre 2018

Prendre connaissance de ma demande de droit de réponse dans le journal municipal :
http://www.defigivordin.info/Droitdereponse.pdf

Autres dossiers

Je reprends ici les dossiers traités dans deux de mes livres précédents
(Écrits sous le pseudonyme de Robert Neville) :
Le livre noir de la mairie de Givors
Les affaires givordines

Orée du Rhône et Orangerie
Le dossier de la SCI Arc en Ciel (2005 – 2008)
Le syndicat intercommunal des eaux vole au secours du promoteur de l'Orée du Rhône (2006)
Le désastre du centre commercial de la place de Bans (2007 à aujourd'hui, toujours en cours)
Irrégularités dans la campagne électorale (2008) de M. Passi
(Ces quatre derniers dossiers, publiés dans de précédents ouvrages, avaient été rédigés par moi-même sous le pseudonyme de Robert Neville. Il n'est donc pas étonnant que je m'y cite moi-même en tant qu'Alain Pelosato.)

Autres actions au tribunal administratif (2008 – 2017)
(Ce texte, rédigé par moi-même l'a été tout au long de ces années et publié au fur et à mesure des décisions de justice du tribunal administratif.)

Orée du Rhône et Orangerie

On peut dater de l'année 2003 le moment où M. Passi proposa à C. Reale (et à d'autres adjoints, mais seul C. Reale a donné suite) d'acheter un appartement dans un immeuble en projet de construction sur un ensemble composé d'un terrain communal et d'un terrain appartenant à la société d'économie mixte de la ville, appelée alors CODEGI, et aujourd'hui, devenue "Givors développement". Ces terrains se situent place de la Liberté. M. Passi acquerrait un appartement de 150 mètres carrés.

M. Passi est maire de Givors et C. Reale un de ses adjoints.

Ce fut ce moment qu'on appelle "l'instant du diable", ce fatal instant où on prend une décision dont on ne mesure absolument pas les conséquences...

Plus tard, un élu d'opposition, Denis Ribeyre, qui avait participé aux conseils municipaux qui avaient délibéré sur cette vente de terrains, attirait l'attention de l'association de défense des contribuables sur ce fait. Il est regrettable, et nous devons l'écrire en toute amitié, que l'élu d'opposition de ce mandat ait voté « pour » ces délibérations. Alors que l'officier de police chargé de l'enquête l'interrogerait plus tard sur cet étonnant manque de perspicacité, il répondit qu'il ignorait à l'époque le contenu du dossier. Sincèrement, lorsqu'on ne connaît pas un dossier, on ne vote pas « pour ».

Cette association était née en été 2005.

Ils étaient quatre à la fonder, sous l'impulsion de Jean-Marc Bouffard-Roupé, qui en est devenu le président. Alain Pelosato en était le vice-président, Roland Ville le secrétaire et Roger Reymond le trésorier.

Jean-Marc fut informé par Denis des faits suivants : la commune avait vendu un terrain à deux promoteurs immobiliers, l'un pour la construction de l'Orée du Rhône, où M. Passi et C. Reale ont acheté un appartement, et l'autre à l'Orangerie. Ces terrains étaient construits. De très vieilles bâtisses y subsistaient.

Celle qui se tenait sur le terrain où allait être construit l'Orée du Rhône, abritait une association d'insertion liée à l'éducation nationale.

Les élus de la commission permanente du conseil municipal avaient été informés le 4 avril 2002 de ces deux projets immobiliers par Lucien Goubelly, maire adjoint à l'urbanisme. Le promoteur de l'Orée du Rhône (la SIER) avait également l'intention de réaliser un lotissement sur les hauts de Montrond. Ce projet n'a jamais abouti suite aux poursuites engagées contre le projet de l'Orée du Rhône.

Jean-Marc se lança donc dans une enquête longue et minutieuse avec l'appui des trois autres membres du bureau.

À eux quatre ils s'appelaient volontiers en riant : « la bande des quatre » ou « les quatre mousquetaires. » Voici ce qu'ils avaient recueilli sur ce dossier.

En effet, la commune avait vendu ces terrains aux deux promoteurs. Pour l'Orangerie, le prix de vente était largement en dessous de celui fixé par l'institution France domaine qui évalue la valeur des biens propriété des établissements publics. Dans le cas de l'Orée du Rhône., la construction nécessitait également l'acquisition d'un terrain appartenant à la CODEGI, société d'économie mixte de la ville. Comme on l'a vu plus haut, une société d'économie mixte est une société de droit privé dont la commune est actionnaire avec des entreprises privées. En ce qui concerne la CODEGI, la commune était majoritaire à 80 % ; l'actionnaire principal "privé" était la Caisse des dépôts et consignation qui n'est pas une entreprise privée, mais une entreprise financière d'État. Quelques actions étaient détenues par des entreprises privées locales, acquisitions de bienveillance vis-à-vis de la mairie qui leur offre de substantiels marchés. Le conseil d'administration de cette société mixte est donc dominé par les élus de la majorité du conseil municipal désignés par ce dernier et présidé par le maire, M. Passi.

La CODEGI avait donc acheté une parcelle à la commune dans ce secteur, car initialement, avec l'ancien maire Camille Vallin, il avait été prévu qu'elle réalisât des logements à cet endroit.

M. Passi avait préféré donc donner à un promoteur privé l'opportunité d'un projet immobilier. On a compris pourquoi : il avait des projets personnels, qui auraient été impossibles à faire aboutir dans le cadre d'une société d'économie mixte dont il est le président.

Ces terrains de la CODEGI (une petite parcelle) avaient déjà été achetés à bas prix à la commune (bien en dessous de la valeur estimée des domaines) et revendus encore moins cher au promoteur de l'Orée du Rhône.

D'autre part, la commune a pris à sa charge la démolition des bâtiments vétustes existant sur ces terrains.

Jean-Marc a chiffré le coût pris en charge par la commune pour la construction de ces immeubles : 169 000 euros. Soit la valeur de deux points de fiscalité.

Dans cette somme sont compris les prises en charge des démolitions (47 624,72 € pour l'Orée du Rhône, 46 850,00 € pour l'Orangerie) et le manque à gagner à la charge de la commune pour la vente du terrain au promoteur de l'Orangerie (74 425,00 €). Il a été impossible de chiffrer la participation de la CODEGI du fait de la vente de son terrain à vil prix.

La décision de la commune de prendre à sa charge ces démolitions n'a pas été prise en conseil municipal. Le fait que les sommes soient divisées en deux parties, les laissent en dessous du montant minimum pour lequel la loi exige un appel d'offres. Dans notre cas c'est le maire qui a donné l'ordre de financer ces démolitions.

En bref M. Passi et C. Reale ont fait voter le conseil municipal pour ces avantages accordés au promoteur sachant qu'ils allaient acheter un appartement dans l'immeuble qui allait être construit.

M. Passi a pris la précaution de quitter la séance du conseil qui a adopté la délibération vendant ces terrains, mais pas C. Reale. Nous reviendrons plus loin sur ce point. M. Passi n'a donné aucune explication sur son départ de la séance du conseil, il n'a pas expliqué qu'il quittait la séance parce qu'il avait signé un compromis de vente d'un appartement dans cet immeuble. Il a donc abusé le conseil municipal.

Il est particulièrement savoureux de constater que ce fut C. Reale lui-même qui fut rapporteur des deux délibérations de vente de ces terrains ! Bien qu'il ait déclaré lors de son audition par l'officier de police judiciaire : « (...) à cette date du 29 avril 2002, je n'avais pas encore le projet d'acheter dans l'immeuble l'Orée du Rhône. » Pour sûr, puisque M. Passi le lui proposera en 2003...

L'enquête nous a amenés à déceler une autre irrégularité.

En effet, deux de nos amis s'étaient rendus au service urbanisme de la mairie pour y consulter les permis de construire de ces immeubles.

Et quelle ne fut pas leur surprise de prendre connaissance d'une note d'une responsable du service à l'intention du maire, qui disait en substance ceci : (cité de mémoire) « Il a fallu déclasser une partie d'une voirie publique pour offrir l'emprise demandée par le promoteur. Or, le déclassement d'une voirie demande une enquête publique. Nous ne l'avons pas faite avant le permis de construire. Je propose de ne rien faire, de faire le dos rond, car la DDE ne s'en apercevra pas… et de réaliser l'enquête publique même si le permis de construire a déjà été accordé. » Dans ces affaires d'urbanisme (et tout ce qui concerne les décisions administratives des élus) vous ne pouvez plus contester la décision devant un tribunal administratif passé un certain délai. Donc cette irrégularité constatée trop tard n'a pu être contestée. Ceci dit, la note de ce chef de service fut ajoutée à notre dossier.

Nous avions également acheté aux hypothèques tous les actes de vente des copropriétaires. Jean-Marc avait réalisé un tableau et on s'était aperçu que M. Passi avait acheté son appartement 10 % moins cher que les autres. D'autre part, il y a eu des transactions avec le promoteur pour reconfigurer son logement une fois terminé. Ces travaux ont donné lieu à facture d'un montant de 9328 euros datée du 2 mai 2005 alors que M. Passi avait emménagé dans ce logement en 2004.

Les deux promoteurs de ces deux immeubles ont confié leur construction au même constructeur dont le PDG est cogérant du promoteur de l'Orangerie.

L'enquête judiciaire

Notre dossier était prêt en 2006.

Au début du printemps, la bande des quatre a demandé au service départemental de la concurrence et des prix de les recevoir. Ils ont eu une réunion avec des responsables dont nous ne citerons pas les noms. Ces fonctionnaires ont été stupéfaits de la manière dont cette opération a été menée.

Malheureusement, quelques jours plus tard l'association était informée par la direction de ce service qu'il ne s'occuperait pas de cette affaire…

Le dossier a alors été envoyé au service central de la corruption, un service qui s'occupe de conseiller les élus sur les démarches pour éviter qu'ils ne tombent dans des problèmes de corruption sans le savoir.

Ce dossier avait dû les impressionner dans ce service puisqu'ils ont publié dans le journal des maires de France un article en relatant les faits sans citer de nom ni la ville où ils se sont déroulés.

Les « quatre » ont également envoyé le dossier à la chambre régionale des comptes qui n'a jamais statué, ou qui ne les a jamais prévenus si elle l'avait fait. M. Passi a bien raconté dans un conseil municipal de 2010 que la chambre régionale des comptes avait statué sur ces affaires immobilières dans le cadre de son rapport sur les finances communales qu'elle venait d'envoyer, mais nous nous sommes procuré ce rapport et il n'y est pas question de ces affaires immobilières. Un mensonge de plus de M. Passi. On pourrait supposer qu'il pourrait y avoir un rapport de la chambre régionale des comptes, mais si c'était le cas, il ne devait pas être en sa faveur sinon il l'aurait publié...

Puis, en juin 2006, les « quatre » ont déposé le dossier auprès du procureur de la République.

Ce dernier, en possession de leur rapport d'enquête en deux exemplaires, celui qu'ils venaient de déposer et celui qui lui avait été transmis par le service central de la corruption, ouvrit immédiatement une enquête.

Nous avions noté avec satisfaction que le service contre la corruption avait pris tellement au sérieux le rapport des « quatre » qu'il l'avait communiqué au procureur !

Le commandant de police chargé de l'enquête convoqua les « quatre » au service de police du 40 rue Marius Berliet à Lyon 8e le 25 août à 8 heures 40 (2006). Ils ont passé sept heures avec lui !

Voici comment il a rédigé le « résumé de l'affaire » :

« *Les deux mis en cause, respectivement maire de Givors (Mr Passi) et conseiller municipal (Mr Reale), ont pris un intérêt privé (achat d'un appartement) dans une opération immobilière (l'Orée du Rhône) dont ils avaient au moment de l'acte, la charge d'assurer l'administration ou la surveillance (vente par la commune au promoteur immobilier du tènement foncier sur lequel est construit le programme l'Orée du Rhône).* » Infraction : « *Prise illégale d'intérêt* »

L'officier de police se rend au siège de la SIER (promoteur de l'Orée du Rhône) pour y demander des documents. Dans les films policiers, on appelle cela une « perquisition ».

Ce directeur général est entendu dans les locaux de la police le 19 octobre 2006 à 14 H.

Le dirigeant de la SIER, lors de son audition, confirme que son seul interlocuteur a été M. Passi concernant son projet. Nous verrons plus loin que ce fait a sans doute échappé au procureur de Lyon et au Procureur général auprès de la cour d'appel que nous avions saisis ultérieurement.

Il confirme également que le maire s'est aligné sans aucune négociation sur les propositions du promoteur concernant le montant d'acquisition du terrain ...

Le représentant de France domaine est convoqué par le policier le 27 octobre 2006 à 9 H 30. France domaine confirme que l'évaluation du prix des terrains tient compte des coûts de démolition des immeubles se trouvant sur la parcelle. « *Notre estimation du 25/04/2002 concernait un terrain encombré de bâtiments destinés à être démolis et prenait en compte les frais de démolition. Si la commune de Givors a vendu un terrain nu et non plus encombré, elle aurait dû, en raison du changement substantiel de la consistance du bien vendu, demander une nouvelle estimation de la valeur vénale.* » A-t-il clairement déclaré.

Le PDG de la société qui a construit les deux bâtiments et associé au promoteur de l'Orangerie (SCI l'Orangerie), ainsi que ce dernier, assurent également que le maire s'est tout simplement aligné sur leurs propositions de prix concernant les terrains communaux vendus pour l'Orangerie. (Auditions les 09/11 et 14/11 2006)

Le directeur des services techniques de la commune, lui, assure au policier : « Ce sont les élus sous la direction du maire qui ont suivi cette partie du dossier. » (Audition du 12/12/2006) Il ajoute : « En ce qui concerne les services techniques, nous avons été sollicités pour libérer les bâtiments. » C'est bien qu'ils étaient occupés, contrairement à ce qu'alléguera plus tard l'avocat de M. Passi au tribunal administratif. Ce fonctionnaire à qui le policier demandait son avis sur la question, l'exprime de la manière suivante : « Les frais de démolition des bâtis auraient pu être effectivement supportés par les acquéreurs (les promoteurs NDLR). J'ignore pourquoi il n'en a pas été autrement. On ne m'a pas demandé mon avis. »

Christiane Charnay, première adjointe, a été auditionnée le 14/12/2006. Elle confirme elle aussi : « Les contacts ont eu lieu entre la SIER (le promoteur NDLR) et l'équipe municipale givordine à travers le service urbanisme, sous le contrôle du maire et des élus. » Pour le reste, cette femme a montré son incompétence totale sur ce dossier, incompétence due à son ignorance du fonctionnement de la mairie, ce qui est un comble pour une première adjointe.

Le policier a posé la question suivante : « Dans (la) délibération n° 13 du 21/06/2004, il est également mentionné que le prix de vente, fixé à cent euros du m2 de SHON, est conforme à l'estimation des domaines. Or le courrier du service des domaines adressé en date du 8 juin 2004, en réponse à la demande d'estimation du maire de Givors daté du 19 mai 2004, mentionnait un prix de 100 euros le m2, sans indication de SHON. Reconnaissez-vous que cette délibération constitue un faux ? » Réponse de Charnay : « Je ne suis pas compétente pour répondre à cette question. »

La femme qui s'occupait de ce dossier au service urbanisme, auditionnée le 27/12/2006, confirme que « En matière de dossiers de promotion immobilière, les élus de référence sont le maire (M. Passi) et l'adjoint à l'urbanisme (Goubelly). « C'était elle qui était signataire de la note concernant la situation irrégulière dans laquelle se trouvait la mairie en organisant une enquête publique pour le déclassement d'une partie de voirie après accord du permis de construire. Elle admet que cela était irrégulier, mais nous la citons : « Il est vrai qu'il était possible de faire un recours contre ce permis de construire dans un délai de deux mois, mais cela n'a pas été le cas. » Et d'ajouter : « Monsieur Passi, maire de Givors, m'avait demandé que rien n'entrave le bon déroulement de ce projet immobilier L'Orée du Rhône… » On le comprend puisqu'il avait signé sa promesse d'achat d'un appartement dans ce projet d'immeuble...

L'adjoint à l'urbanisme, Goubelly, a été entendu le 28 décembre 2006. Il fait un peu l'historique de l'affaire. Il explique que la SIER s'était présentée avec un projet de lotissement à Montrond, projet qui sera avorté plus tard, et qu'elle leur avait demandé de construire un immeuble en centre-ville. De là, selon lui, serait né le projet de l'Orée du Rhône. Sur la décision de financer la démolition des bâtiments existants, il répond : « Je ne sais pas qui a pris cette décision. Je peux seulement vous dire que cette décision a été validée par le maire et le conseil municipal. » Personne ne savait rien dans cette municipalité ! Quant à la validation par le conseil municipal c'est un pieux mensonge...

Le mardi 23 janvier 2007 à 9 H, le maire, Martial Passi est placé en garde à vue dans les locaux de la police au 40 rue Marius Berliet à Lyon.

Il commence par faire un exposé dénigrant la politique de son prédécesseur (Camille Vallin, également PCF) puis justifie la construction de l'immeuble de l'Orée du Rhône par la nécessité de démarrer des opérations immobilières dans une ville qui comptait (selon lui) 62% de logements sociaux.

Plus loin, il déclare que « (...) aucun programme immobilier privé n'avait vu le jour depuis plus de trente ans sur Givors ». Ce qui est un gros mensonge que Vallin n'aurait pas apprécié puisqu'il y avait eu au contraire, beaucoup de constructions de lotissements privés (sur Montrond, là où la SIER voulait faire le sien…) et ailleurs, et plusieurs immeubles en copropriété ont été construits. Il est étonnant que le procureur de Lyon ainsi que le procureur général auprès de la cour d'appel aient pris comme argent comptant ce grossier mensonge…

C'est sur ce mensonge qu'il s'est appuyé pour justifier le fait que le prix du marché des terrains aurait été inconnu à cette époque. Ce qui est un comble, puisque, le notaire de Givors, a publié quelque temps après un article dans le journal local dans lequel il explique la santé du marché immobilier et le coût du foncier à Givors. Dans cet article il indique qu'en 2003, le prix de vente de l'immobilier neuf à Givors était compris entre 1900 et 2000 euros le m2. Or M. Passi et C. Reale (ainsi que les autres acquéreurs à quelques euros près) l'ont acquis pour 1350 euros le m2. Ça fait une différence non ?

M. Passi confirme d'ailleurs qu'il a menti en déclarant innocemment : « Entre 1993 et 2001, aucun permis de construire privé collectif n'avait été délivré sur Givors. « Personne n'a vérifié cette allégation, mais admettons qu'elle soit vraie, entre 1993 et 2001 il s'est écoulé 8 ans, on est loin des 30 ans dont il a parlé plus haut…

Une autre contradiction relevée à propos de la prise en charge par la commune de la démolition des bâtiments existants sur les terrains vendus aux promoteurs.

M. Passi déclare : « (…) ces bâtiments étaient vétustes et en état de péril, ce qui rendait nécessaire leur démolition rapide… »

Voilà encore une allégation complètement fausse. En ce qui concerne les bâtiments sur le terrain de l'Orangerie, une partie d'entre eux était occupée par une entreprise peu auparavant la vente et un autre était occupé par le club de bridge ! Quant au bâtiment du terrain de l'Orée du Rhône, il était occupé par un organisme d'insertion de l'Éducation nationale !

Comment un maire aurait-il pu laisser des bâtiments communaux en « état de péril » occupés par des établissements recevant du public ? Comment un procureur a-t-il pu accepter cette argutie ?

Il faut noter aussi un fait curieux, mais coutumier dans la gestion de M. Passi : après avoir délibéré le 29 avril 2002 sur la vente des terrains à la SIER, une deuxième délibération avec le même objet a de nouveau été présentée au conseil municipal en avril 2003 !

Explication inouïe de M. Passi : la première délibération avait été présentée au conseil sans prise en compte de l'avis de domaines ! Ce qui, de fait, a été également le cas pour la deuxième, puisque c'est le fonctionnaire des domaines auditionné auparavant qui avait déclaré : « *Notre estimation du 25/04/2002 concernait un terrain encombré de bâtiments destinés à être démolis et prenait en compte les frais de démolition. Si la commune de Givors a vendu un ter-*

rain nu et non plus encombré, elle aurait dû, en raison du changement substantiel de la consistance du bien vendu, demander une nouvelle estimation de la valeur vénale. » (Voir ci-dessus)

M. Passi confirme qu'il a signé un « contrat de réservation » en date du 28/02/2003.

Il indique également que c'est le conseil municipal, sous sa présidence, qui a décidé la démolition des bâtiments existants sur les terrains vendus aux promoteurs ; il était donc bien partie prenante de cette décision, participant ainsi à l'affaire, contrairement à ce qu'a dit le procureur. Ce dernier indique seulement que M. Passi s'était absenté lors du vote (ultérieur) de la vente du terrain, mais a oublié qu'il avait participé auparavant à la décision de démolir les bâtiments.

En conclusion, M. Passi affirme que les accusations de l'association de défense des contribuables sont mensongères. Alors pourquoi n'a-t-il pas porté plainte pour dénonciation calomnieuse ?

Le dirigeant de la SIER auditionné le 29/01/2007 a encore confirmé que le maire de Givors a aligné le prix de vente des terrains de la commune sur le montant proposé par lui : « J'ai fait une offre globale (...) de 106 000 euros à la commune de Givors (...). Le conseil municipal a délibéré et donné son accord... »

Christian Reale, l'autre élu acquéreur d'un appartement à l'Orée du Rhône, confirme que c'est bien M. Passi qui a suivi le dossier : « Les élus qui ont plus particulièrement suivi le projet l'Orée du Rhône ont été le maire Martial Passi et l'adjoint à l'urbanisme Lucien Goubelly. »

Il indique qu'il avait signé le contrat de réservation de son appartement en mars 2003. Il a fait preuve d'une grande naïveté en répondant au policier qu'il avait demandé au promoteur s'il ne commettrait pas d'irrégularité en acquérant cet appartement et qu'il avait fait confiance en la réponse négative du diri-geant de la SIER...

Le commandant de police ayant réalisé l'enquête a rédigé des conclusions après avoir fait le résumé des auditions. Il conclut son enquête ainsi : « Au terme de nos investigations, il apparaît que deux élus ont pris un intérêt privé dans une opération (l'Orée du Rhône) dont ils avaient au moment de l'acte, la charge d'assurer l'administration ou la surveillance. Il pourrait donc être retenu à l'encontre de Martial Passi, maire de Givors et de Christian Reale, conseil-ler municipal, une prise illégale d'intérêts, fait prévu et réprimé par l'article 432-12 du Code pénal. »

Ces conclusions sont celles qui ont été transmises au procureur de Lyon.

La bataille politique

Voilà ! Nous avions fait notre devoir de citoyen en saisissant la justice pour qu'elle se prononce sur des faits qui nous avaient paru tenir du Code pénal et pour lesquels nous pensions que les intérêts de la commune avaient été lésés.

Cela nous avait déjà coûté des frais d'avocat et pas mal de vicissitudes, car le maire et ses adjoints ne se sont pas privés de nous traîner dans la boue quasi quotidiennement.

M. Passi a été jusqu'à inviter à déjeuner Georges Fenech député UMP de la circonscription, avec qui nous avions d'excellents rapports (et nous les avons toujours) pour lui demander de faire pression sur nous afin que nous arrêtions toute la procédure. C'est qu'il avait peur le bougre ! Il avait pris la précaution de prévenir la presse afin que cette rencontre soit largement connue à Givors. D'ailleurs, Patrick Veyrand, alors responsable de la rubrique locale du Progrès, parle de ce repas dans son livre auto édité *De quoi j'me@ail !* . Il en parle dans un chapitre consacré à Alain Pelosato intitulé "Le repas impossible", dans lequel il écrit : « Il y a aussi des repas impossibles de mettre sur pied. Si je trouvais un *sponsor* prêt à financer, mais surtout capable de persuader les protagonistes, j'emmènerais bien Martial Passi et Alain Pelosato à une table de chef étoilé. » Et en ce qui concerne Alain Pelosato, il écrit : « Je préfère *"évoluer", "grandir", "s'ouvrir"* plutôt que *tourner sa veste*, une expression galvaudée. »

Suite à ce chapitre, il rappelle le fameux déjeuner de Georges Fenech avec Martial Passi. « De quoi ont-ils parlé ? » Demande-t-il. Et de répondre :

« L'important n'est pas là. » Répond-il. Si ! L'important était là, car, contrairement à ce que croit Patrick, la motivation de M. Passi était très égocentriste. Il voulait simplement parler de son affaire à un député, soit, mais surtout à un ancien magistrat qui a des relations dans le milieu judiciaire.

Ah ! Quel naïf ce cher Patrick !

Au chapitre suivant de son livre, il se pose la question de l'attitude de M. Passi et des communistes lors des élections législatives partielles de mai/juin 2008. Cette pratique de duplicité est bien connue, pratique consistant à afficher une attitude unitaire et, par en dessous, de rassembler le maximum d'électeurs communistes pour voter… à droite dans le but d'empêcher les socialistes d'accéder à un mandat de député qui ferait de l'ombre à M. Passi au conseil municipal. L'égocentrisme !

Mais revenons à notre dossier.

Il restait aux « quatre » une démarche importante à faire. Il fallait demander au conseil municipal de se prononcer sur cette affaire en portant plainte contre « X » et de se constituer partie civile.

Ils ont donc écrit au maire pour le mettre en demeure de le faire et également au Préfet.

Quand M. Passi a reçu la totalité du dossier du procureur, il a failli prendre un malaise. Cela lui a fichu un coup. Un ami qui l'avait vu le jour même de la réception de ce dossier avait dit à l'un d'entre nous (sans connaître ce fait) que M. Passi était très mal, il avait une mine décomposée.

La réunion du conseil municipal a eu lieu le 22 janvier 2007.

M. Passi avait organisé la séance tel un tribunal soviétique comme il s'en déroulait à Moscou dans les années 1930.

Il avait fait venir l'avocat de l'un des promoteurs, l'autre promoteur, le notaire, et mobilisé les habitants des deux immeubles.

Pas moins ! C'est qu'il était terrorisé.

Tellement terrorisé qu'il a imprudemment lâché quelques mots qui auraient pu lui valoir une plainte en diffamation, plainte que les « quatre » n'avaient pas les moyens financiers de déposer.

Voici la teneur de quelques interventions.

L'un des deux élus incriminés, Christian Reale, lit une motion très violente, quasiment ordurière contre les quatre contribuables qui étaient dans le public et qui n'avaient pas le droit à la parole.

L'adjoint Marcel Boyer : « Le procédé est scandaleux ! »

Ben non, ce procédé est prévu par le Code pénal, le Code civil et le Code de justice administrative ainsi que le code général des collectivités territoriales...

Le conseiller Frety : « Je ne fais pas confiance en la justice. C'est crapuleux d'avoir signalé que le maire avait acheté un appartement dans cet immeuble ».

Pascale Jaillet trouve que l'on passe trop de temps sur cette affaire.

Moïse Diop, « Quand on est antidémocratique, on s'appuie sur la démocratie pour l'affaiblir. »

C'est affaiblir la démocratie que de faire réunir le conseil municipal ?

Jean-François Gagneure, lui, il fait confiance à la justice. Alors pourquoi n'a-t-il pas voté pour la plainte contre « X » et la constitution de partie civile ?

Et alors le sommet de l'odieux (juste après C. Reale) a été atteint pas M. Passi.

Très énervé, il a fait les déclarations suivantes : « Cette action est abjecte et insupportable. »

« Abjecte » la saisine du conseil municipal pour qu'il délibère ? « Abject » de faire simplement son boulot de citoyen afin de saisir la justice pour lui demander de statuer sur une affaire qui pourrait être qualifiée de « prise illégale d'intérêt » comme l'a écrit un officier de police ?

Puis il a menacé, comme il est coutumier du fait : « Lorsque l'on souhaite ester en justice, il faut être irréprochable. Or, les documents que vous avez transmis au tribunal administratif sont des faux. Nous allons nous retourner contre celles et ceux qui ont joué avec des arguments fallacieux. Je vais porter plainte en diffamation contre les quatre contribuables. »

Le tribunal administratif qui a reçu ce dossier qui est qualifié de faux par M. Passi n'a jamais relevé cette faute. Il n'y avait donc pas de faux. M. Passi avait donc gravement diffamé.

Pire même.

À cette époque, plusieurs de nos amis, le député de la circonscription, le journal Le Progrès, ont été destinataires d'une lettre anonyme contre Pelosato, lettre calomnieuse et qui présentait des documents administratifs qui ne pouvaient venir que de la mairie. Nos trois amis de l'association sont allés faire une main courante au commissariat.

Le journal Le Progrès a fait un compte rendu de ce conseil municipal historique. Penser donc ! Quatre petits contribuables ont osé mettre en justice des faits établis, car ils mettaient en doute la régularité de ces ventes de terrains communaux.

Sous la signature de M.T. Le Progrès a fait un compte rendu assez tendancieux de ce conseil, car il n'a cité que les interventions des élus de la majorité et du maire et n'a jamais sollicité celle des contribuables, ce qui aurait été normal, car lors de la séance du conseil, jamais M. Passi n'a donné la parole à l'un d'entre eux et aucun des élus de l'opposition de ce mandat précédent ne lui a demandé de le faire.

Nous ne savions pas à l'époque que lors de cette fameuse séance du conseil, M. Passi savait qu'il était convoqué dans les locaux de la police judiciaire pour être mis en garde à vue le lendemain…

Patrick Veyrand, le responsable de l'agence locale du Progrès, a publié un article sur cette garde à vue du maire. Jamais il n'a indiqué que M. Passi avait été mis en garde à vue, contrairement à un autre article du même journal en page régionale. Le journaliste se contente de rapporter la version de M. Passi qui lui aurait déclaré : « Deux personnes m'ont demandé de vérifier avec eux tous les dossiers. C'est ce que j'ai fait... » (Le Progrès du 24/01/2007) Le journaliste présentait cette affaire comme une « haine » entre M. Passi et son opposant d'alors Ribeyre. Il jouait ainsi le jeu de M. Passi qui voulait faire passer les quatre contribuables pour des marionnettes de Ribeyre.

L'article publié en pages régionales et signé Richard Schittly, n'en est pas moins très dévalorisant pour leur action. Il parle à plusieurs reprises d'ambiance « délétère » au conseil, dont le responsable aurait été l'opposant Denis Ribeyre.

Il est regrettable que la presse locale ait présenté les choses ainsi, car ce terme de « délétère » a été repris par le commissaire du gouvernement lors de la séance du 1er février 2007 du tribunal administratif que les « quatre » avaient saisi. Ce qui peut nous amener à remarquer que la justice subit parfois l'influence de la presse...

Nous reviendrons plus loin sur l'audience du tribunal administratif.

En novembre 2006, Lyon Mag, dans son n° 163, avait publié un gros dossier sur cette affaire, dossier dans lequel Pelosato avait été involontairement la vedette, ce qui avait dû agacer singulièrement M. Passi.

Mais, puisque nous parlons d'influence, nous allons aborder l'existence d'un curieux courrier dont nous avons appris l'existence alors que Ribeyre, en 2010, avait obtenu du secrétariat du procureur l'ensemble du dossier, alors que le magistrat avait refusé à l'association des contribuables leur demande de l'obtenir qu'ils lui avaient envoyée par écrit.

Quel ne fut pas notre étonnement de prendre connaissance d'un courrier de maître Vergnon, avocat de messieurs Passi et Reale, courrier adressé au procureur de Lyon. Le voici *in extenso* :

Monsieur le Procureur de la République,

Je fais suite à l'entretien que vous avez bien voulu nous accorder ce jeudi 1er février 2007 en votre bureau afin d'évoquer aux côtés de Monsieur le Bâtonnier Jean-Marie Chanon, l'action initiée en direction de la commune de Givors par laquelle une association locale de contribuables met en cause deux promoteurs immobiliers ainsi que des élus municipaux.

À cette occasion, vous nous aviez indiqué être d'accord sur la communication de la décision qui devait être rendue par le Tribunal administratif de Lyon suite à la saisine par 4 contribuables à titre personnel afin de contraindre la commune à ester en justice (constitution de partie civile).

C'est dorénavant chose faite puisqu'une décision de rejet de leur demande vient finalement été rendue le vendredi 18 février 2007.

En conséquence de quoi, je me permets de vous la communiquer, et ce dans l'attente de la décision que vous serez amené à rendre ultérieurement dans l'instance pénale initiée en parallèle.

Je vous prie de croire, Monsieur le Procureur de la République, en l'expression de mes salutations respectueuses.

Nous apprenons ainsi avec stupéfaction que M. Passi, son avocat, le bâtonnier ont eu une réunion avec le procureur de Lyon. Pour y dire quoi ? Le mis en cause a été entendu directement par le procureur de Lyon et pas les plaignants ? D'autre part, le procureur demande à l'avocat du mis en cause de lui communiquer la décision du tribunal administratif ? Pour quoi faire ? Pour s'en inspirer ?

Nous avons été choqués de telles actions !

Le conseil municipal du 22 janvier 2007 s'est réuni deux jours trop tard après le délai réglementaire. En effet l'association des contribuables avait saisi le tribunal administratif le 18 décembre 2006. Le conseil municipal avait un mois pour se réunir. Le délai étant dépassé, le conseil municipal du 22 janvier était donc nul et non avenu. Une fois de plus M. Passi n'avait pas respecté la loi !

Malheureusement, le tribunal administratif n'a pas donné raison aux « quatre ». Il n'a pas non plus donné raison à M. Passi qui réclamait contre eux des dommages et intérêts de 2000 euros !

En demandant au lecteur de nous pardonner de l'ennuyer, si c'était le cas, nous nous devons de publier intégralement la décision du tribunal administratif :

Sur le bien-fondé de la demande de MM. Bouffard-Roupé. Pelosato et Ville :

Considérant que dans leur demande enregistrée au greffe le 18 décembre 2006, les trois contribuables ci-dessus désignés, s'ils contestent les conditions, selon eux avantageuses pour les promoteurs, des opérations immobilières en cause, ne font état d'aucune incrimination pénale précise ayant entraîné l'appauvrissement de la commune ; qu'au cours de l'audience non publique et dans les écritures qu'ils ont présentées le 2 février 2007, les intéressés on1 expressément fait connaître qu'ils n'entendaient pas se placer sur le terrain du délit de prise illégale d'intérêts concernant le maire, mais indiquent qu'ils demandaient "l'autorisation de se constituer partie civile à toute audience qui sera fixée ou à déposer plainte contre X avec constitution de partie civile pour favoritisme au profit des promoteurs " ; que la notion pénale de favoritisme ayant un sens très particulier en droit pénal, le libellé de l'action sollicitée, tel que ci-dessus formulé, qui repose sur de simples soupçons, ne présente aucune garantie de succès suffisante permettant à la commune par le biais de l'action en justice, dont l'autorisation est sollicitée, d'obtenir une réparation pécuniaire ; qu'ainsi, faute d'intérêt suffisant, la demande présentée par les intéressés ne peut être accueillie ;

Sur les frais irrépétibles :

Considérant qu'aux termes de l'article L. 761-1 du code de justice administrative : "Dans toutes les ins-

tances, le juge condamne la partie tenue aux dépens ou, à défaut, la partie perdante, à payer à l'autre partie la somme qu'il détermine, au titre des frais exposés et non compris dans les dépens. Le juge tient compte de l'équité ou de la situation économique de la partie condamnée. Il peut, même d'office, pour des raisons tirées des mêmes considérations, dire qu'il n'y a pas lieu à cette condamnation. " ;

Considérant que les dispositions précitées ne sont pas applicables lorsque le tribunal, comme en l'espèce, est appelé à rendre une décision administrative ; que, par suite, la demande de la commune de Givors tendant à ce que les requérants soient condamnés à lui verser 2000 euros sur le fondement des dispositions précitées ne peut être accueillie ;

(La demande de Roger Reymond avait été jugée irrecevable, car il n'était pas contribuable à Givors, bien que domicilié dans cette commune et membre de l'association de défense des contribuables.)

Quelle drôle de décision !

Le tribunal administratif déboute les contribuables parce qu'ils n'ont pas défini de délit pénal ! Mais ce n'était pas leur boulot ! C'est justement parce qu'ils voulaient que la justice dise s'il y a délit pénal ou pas qu'ils avaient saisi le procureur et ensuite le tribunal administratif pour qu'ils puissent avoir intérêt à agir !

Cette décision du tribunal administratif est apparue injuste, pour ne pas dire plus. Et nous ne pouvons-nous empêcher de faire le lien entre cette décision et cette réunion qui a eu lieu entre le procureur, l'avocat des mis en cause et le bâtonnier...

Le Progrès du 18 février 2007 publie un article sur ce sujet signé Marien Trompette. Dans cet article M. Passi profère encore des menaces (qu'il n'a jamais pu mettre à exécution évidemment) : « Nous comptons bien donner les suites qui s'imposent. (...) C'est une agitation lamentable. »

Pour bien enfoncer le clou, M. Passi, faute de pouvoir porter plainte pour dénonciation calomnieuse, va organiser encore une grande mise en scène stalinienne au conseil municipal suivant, en mobilisant le ban et l'arrière-ban des militants communistes de la commune, en installant partout des écrans de télévision pour retranscrire ses discours haineux et en fustigeant, clouant au pilori, les quatre contribuables qui avaient osé faire leur devoir de citoyen.

Les quatre contribuables n'ont pas été aidés par les attitudes maladroites et diffamatoires de Denis Ribeyre, élu de l'opposition dans le précédent mandat.

En effet, ce dernier avait d'abord publié un bulletin (qui n'avait rien à voir avec cette affaire) dans lequel des propos diffamatoires en direction des élus de la majorité étaient imprimés. Les quatre contribuables l'avaient mis en garde. Il a quand même distribué ce document qui lui a valu des plaintes en diffamation du maire et des présidents de groupe de la majorité. Il a été condamné à de lourds dommages et intérêts.

Comme M. Passi n'avait cessé de dire et d'écrire sur le journal municipal qu'il porterait plainte en diffamation contre les « quatre » et qu'il associait injustement Ribeyre à leur action, la plupart des gens pensaient que c'était eux qui avaient été condamnés...

D'autant plus que Ribeyre s'est rendu coupable d'une autre diffamation, concernant un autre dossier.

Quand un procureur classe une plainte sans suite, il y a encore une possibilité pour le plaignant de recourir à la justice : il peut déposer un dossier auprès de la cour d'appel au doyen des juges d'instruction. Pour cela il fallait un avocat. L'avocat des quatre contribuables n'était pas prêt pour cette action. Ils se sont donc mis à la recherche d'un avocat. Ce fut très difficile, un avocat « ami » refusant de les aider, car il devait traiter des dossiers juridiques du président du Grand Lyon (Intercommunalité dans laquelle Martial Passi est président, devenue aujourd'hui, la métropole lyonnaise) il les dirigea vers un autre homme de loi qu'ils ont rencontré. Ce dernier leur expliqua qu'en effet, cette démarche était possible, mais elle demandait un financement considérable : 5000 euros, cette somme comprenant les honoraires de l'avocat et la caution que les plaignants devaient déposer auprès de la cour d'appel...

Après réunion, les quatre contribuables décidèrent qu'ils ne pouvaient donner suite, étant donné l'investissement énorme à leur charge, face à une coalition de politiciens influents dans le département...

Le dossier de la SCI Arc en Ciel

La société d'économie mixte de la ville (CODEGI) celle-là même qui avait vendu un terrain à la SIER pour le bâtiment de l'Orée du Rhône, avait pris des parts modestes dans cette SCI Arc en Ciel qui voulait construire un immeuble sur la commune. Cette participation n'était qu'un prétexte pour que la CODEGI apporte une somme importante en compte courant associé à cette SCI qui comprenait deux autres associés. Rappelons que c'était M. Passi qui était président de la CODEGI. Tout ceci s'est fait à l'insu du conseil municipal. Mais un jour quelqu'un a dû dire à M. Passi qu'il fallait que le conseil municipal avalise les statuts de la SCI à laquelle participe la société d'économie mixte de la ville. Et il a donc été contraint de présenter ces statuts au conseil municipal. Or il n'a pas été difficile de regarder sur infogreffe que ces statuts existaient déjà depuis plusieurs mois. Lors de la séance du conseil, Ribeyre annonça donc que la SCI Arc en Ciel existait déjà depuis plusieurs mois avant que le conseil municipal ne délibère, ce qui était complètement irrégulier. Sur cette intervention, M. Passi fut contraint d'annuler la délibération. Mais Ribeyre n'en est pas resté là. Comme il a été distribué un exemplaire des statuts aux conseillers, il a déclaré que « c'était un faux ». Il a dont encore pris une plainte en diffamation qu'il a également perdue. Alors que M. Passi était en faute, Ribeyre lui a fourni les moyens de retourner l'affaire contre lui !

Mais cette action a été utile. Ses statuts ne pouvant pas être adoptés, la SCI Arc en Ciel fut abandonnée (dans quelles conditions ?) et le projet immobilier avorté.

Pourquoi M. Passi a-t-il « monté » une telle opération avec deux personnes à qui la CODEGI apportait un financement gratuit ? Quels liens pouvait-il y avoir entre M. Passi, président de la CODEGI, maire de Givors et conseiller général et ces deux personnes ?

Toutes ces « victoires » judiciaires de M. Passi contre Ribeyre ont accrédité la fausse idée que l'action des quatre contribuables concernant les affaires immobilières de l'Orée du Rhône et de l'Orangerie avait été « abjecte » comme l'avait déclaré M. Passi.

Pourtant, un officier de police avait conclu que ces affaires immobilières pouvaient aboutir à la prise illégale d'intérêt. L'action des quatre contribuables était donc bien fondée.

Malheureusement, le procureur, comme la lettre de maître Vergnon semblait le laisser pressentir, allait classer le dossier.

Il l'a fait le 14 décembre 2007, selon le motif : « Infraction insuffisamment caractérisée. »

N'acceptant pas cette décision, ce qui était leur droit, les quatre contribuables ont saisi le procureur général auprès de la cour d'appel par l'intermédiaire de leur avocat.

Le magistrat a répondu dans une lettre du 14 janvier 2009. Après avoir repris les éléments de l'enquête, il conclut que « les faits dénoncés ne peuvent, à mon niveau, caractériser pleinement les infractions dénoncées. »

En d'autres termes, il y aurait bien infraction, mais pas pleinement caractérisée…

Alain Pelosato, le nouveau président de l'association de défense des contribuables de Givors, a également envoyé un courrier au procureur général daté du 11 juin 2010, courrier auquel ce dernier a répondu le 18 janvier.

Voici le contenu du courrier de Pelosato.

« (…) nous avons obtenu deux documents qui sont contenus dans le dossier d'enquête du Procureur de Lyon.

Le premier est un courrier de Maître Vergnon, avocat de M. Passi maire de Givors et de M. Reale maire adjoint, courrier dont M. Le Procureur de Lyon était destinataire et qui relate une curieuse réunion entre M. Passi, son avocat, M. Le Procureur de Lyon et M. Le Bâtonnier. Nous sommes très surpris de cette réunion. Nous tenions à vous en faire part et je vous demande quel est votre point de vue sur l'opportunité de ce genre de réunion entre M. le Procureur et une personne faisant l'objet d'une enquête pénale pour prise illégale d'intérêt.

Ce courrier évoque la possibilité pour M. le Procureur de Lyon de s'inspirer d'une décision du Tribunal ad-

ministratif concernant un autre aspect de cette affaire !

Le deuxième document intitulé « motif de classement sans suite » est également intéressant eu égard aux événements qui ont suivi et que je vais vous relater.

Sur ce document la case cochée est intitulée : « Infraction insuffisamment caractérisée ».

D'autre part, la case : « Victime à aviser » est également cochée avec la mention manuscrite : « Association de défense des contribuables de Givors. »

Je tiens à vous informer solennellement que nous n'avons jamais été avisés de ce classement sans suite ! Nous l'avons appris par la presse suite à une communication de M. Passi.

En effet, M. le Procureur de Lyon s'est donné du mal pour informer M. Passi, qui a fait l'objet de cette enquête pénale, par un courrier daté du 6 février 2008, alors que nous étions en pleine campagne électorale, courrier que M. Passi a abondamment utilisé dans sa propagande électorale. Et ceci alors que la décision datait du 14 décembre 2007.

D'autre part, au regard du formulaire signé de M. Desgranges, comme je le relate ci-dessus, la case cochée est : « Infraction insuffisamment caractérisée. » Or M. le Procureur de Lyon indique dans son courrier à M. Passi : « pas d'infraction pénale. » Vous conviendrez qu'il ne s'agit pas de la même chose.

Enfin, ce courrier de M. le Procureur à M. Passi comporte une grossière erreur dans son objet puisqu'il indique : « Enquête préliminaire concernant la SEM », *or cette enquête préliminaire ne concernait absolument pas la SEM, mais la construction de deux immeubles de logements par des promoteurs privés, financés partiellement par la commune et la SEM, messieurs Passi et Reale étant acquéreurs de logement dans l'un d'entre eux.*

En espérant vous avoir apporté un éclairage nouveau sur cette affaire, je vous prie de croire, monsieur le Procureur général, en mes sentiments les meilleurs. »

Cette affaire a été close par ce courrier en date du 11 juin 2010.

Quant à la réponse du Procureur général auprès de la cour d'appel de Lyon, elle avalise la procédure du procureur de Lyon. Il faut dire que le magistrat de la cour d'appel ne répond pas exactement aux questions posées par l'association des contribuables. Il biaise sur bien des points.

Il traite le président un peu de menteur en disant que la décision du procureur lui était bien parvenue puisque nous l'avons saisi pour la contester. Elle ne nous est bel et bien jamais parvenue, nous avons été la chercher après de nombreuses démarches de l'avocat de l'association.

D'autre part, il trouve normal que M. Passi « élu de la République » ait été prévenu de cette décision. Les quatre contribuables ne l'ont jamais contesté ! Ce qui est contestable c'est que cette décision lui ait été notifiée en pleine campagne électorale ! Le procureur général ne dit rien sur ce point…

Il avalise cette curieuse réunion entre le mis en cause, son avocat, le bâtonnier (!) et le procureur en ces termes : « (...) il n'est pas interdit à une personne nommément mise en cause par une plainte, de demander à connaître la nature des faits qui lui sont reprochés et de solliciter, à cette fin, une entrevue avec le procureur (...) »

Mais M. Passi n'avait nul besoin de voir le procureur pour connaître la « nature des faits qui lui sont reprochés » puisqu'il avait en sa possession le dossier complet de la plainte que les quatre contribuables lui avaient envoyé pour la réunion du conseil municipal qui devait traiter de ce sujet !

Enfin, bref, il n'est pas étonnant que les magistrats se soutiennent entre eux...

Les quatre contribuables avaient eu l'intention de déposer plainte avec constitution de partie civile, car le procureur général leur avait fait part de cette possibilité. Ils ont consulté un avocat pour cela, mais les frais envisagés étaient énormes. Ils ont donc pris la décision de ne pas donner suite.

Ceci dit, les Givordins n'ignoreront jamais que M. Passi, maire de Givors, et C. Reale, maire adjoint, ont acquis un appartement dans un immeuble dont la mairie a financé une partie du coût du foncier.

De même qu'ils n'ignoreront jamais que M. Passi, en tant que président de la CODEGI, a monté une opération tellement irrégulière qu'il a été obligé de l'interrompre lui-même, opération consistant à demander à la société d'économie mixte de financer une opération immobilière privée, celle de la défunte SCI Arc en Ciel. Il était temps qu'il l'interrompît, car semble-t-il, elle aurait pu encore l'entraîner dans des déboires judiciaires.

Le syndicat intercommunal des eaux vole au secours du promoteur de l'Orée du Rhône

Cet immeuble de l'Orée du Rhône a également bénéficié d'autres avantages consentis par des décisions d'élus de la majorité municipale du conseil de Givors par l'intermédiaire du syndicat des eaux Givors-Grigny-Loire (GGL), présidé par une maire adjointe de Givors.

L'entrée de Givors dans le Grand-Lyon et le transfert de la compétence de la gestion de l'eau sonnait le glas du syndicat intercommunal GGL qui avait en charge cette compétence pour le compte des communes de Givors, Grigny et Loire sur Rhône. Givors est entrée dans le Grand-Lyon le 01/01/2007. Cette date était connue de toutes et tous et en tout cas des décideurs sans contestation possible.

Pourtant le 17 juillet 2006, le syndicat intercommunal GGL, se porte acquéreur de surfaces commerciales situées à Givors, place de la Liberté, dans l'ensemble immobilier L'Orée du Rhône, immeuble, nous le rappelons, pour lequel la commune a pris en charge la démolition des anciens bâtiments sans en répercuter le coût lors de la vente au promoteur qui réalisera le programme immobilier. La SEM CODEGI, devenue depuis Givors Développement, avait aussi vendu un terrain à un prix tout à fait intéressant pour permettre la réalisation de cet immeuble de standing.

Il ne reste plus que 6 mois avant d'entrer dans le Grand-Lyon, et pourtant, le 17 juillet 2006, GGL fait l'acquisition pour un montant de **125 580,00 €** des surfaces commerciales de l'immeuble l'Orée du Rhône. L'association de défense des contribuables a questionné la présidente de GGL qui a signé les actes de vente pour connaître les raisons de cet investissement. Malgré deux courriers recommandés, elle n'a pas eu de réponse.

Pourquoi réaliser un investissement immobilier de ce type alors que le périmètre intercommunal est en pleine mutation du fait de l'adhésion de Givors au Grand-Lyon et que le syndicat GGL va perdre deux de ses principaux adhérents ?

D'ailleurs suite à un arrêté préfectoral du 22/12/2006 (N°6273), le local acquis en juillet 2006 par GGL est remis en propriété à la commune de Givors avec l'emprunt correspondant (conseil municipal du 23/03/2007). La commune souhaite le vendre, car elle n'en n'a pas l'utilité !

GGL n'a jamais utilisé ce bâtiment !

L'association de défense des contribuables a interrogé la commune sur ce dossier. Elle n'a jamais eu de réponse. La Commission d'Accès aux Documents Administratifs a demandé au maire de communiquer les documents demandés par l'association. Ce qu'il n'a jamais fait. L'association déjà engagée dans une lourde action judiciaire concernant cet immeuble n'a pas eu les moyens de saisir le tribunal administratif.

Le fait de ne pas répondre à nos interrogations crée des doutes quant aux bonnes raisons de ces opérations. Des réponses incomplètes et sans commentaires précis entretiennent des incompréhensions et de mauvaises interprétations des situations et des choix qui sont faits.

Toutes les informations concernant cette affaire avaient été communiquées au procureur de Lyon.

Accessoirement, il y a eu un autre scandale concernant la gestion de l'eau – par la commune cette fois - et l'adhésion au Grand Lyon.

L'entrée dans le Grand-Lyon a permis d'avoir, de l'eau à meilleur prix. Pourtant le syndicat intercommunal des eaux GGL qui avait en charge la gestion de ce précieux fluide et la commune de Givors qui avait en charge la gestion de l'assainissement n'ont semble-t-il pas toujours mis tous les meilleurs atouts pour obtenir le coût le plus juste.

En effet, en février 2005, alors que quelques semaines plus tard, en avril, sera présenté au conseil municipal le projet d'adhésion au Grand Lyon qui se réalisera le premier janvier 2007 soit un peu plus d'un an et demi plus tard, la commune de Givors, signe un contrat d'affermage avec la SDEI pour une durée 10 ans. Tout le monde a en mémoire « le battage » qui a été fait autour de l'adhésion à la communauté urbaine de Lyon, les décideurs ne pouvaient pas ne pas savoir que cette adhésion se ferait, la très grande majorité du conseil municipal étant pour cette adhésion - et que la compétence de la gestion de l'eau reviendrait au Grand Lyon.

M. Passi a engagé la commune dans un contrat de 10 ans, alors que cette compétence relèvera du Grand Lyon par la suite !

Pourquoi ne pas avoir formalisé un contrat plus court qui aurait permis lui aussi la continuité du service public ?

Grigny dans la même situation a contracté pour 5 ans. (C'est moitié moins mal !...)

La conséquence de cet engagement, c'est que pour la durée du contrat, donc jusqu'à fin janvier 2015, le Grand Lyon doit s'acquitter de **60 000,00 €** chaque année pour que soit honoré l'engagement de la commune de Givors.

Pourquoi ne pas avoir négocié une prolongation ou une adaptation du contrat existant dans l'attente d'entrer dans la Communauté Urbaine de Lyon ?

En tout cas pour la SDEI le contrat sera honoré, le Grand Lyon paiera jusqu'à son terme.

Le désastre du centre commercial
de la place de Bans

Le magazine Lyon capitale publiait un article dans son numéro 670 du 1ᵉʳ juillet 2008. Il titrait : « A Givors, le LIDL a-t-il poussé sur une décharge ? »

Ce magasin est installé dans un petit centre commercial de la place de Bans, au sud de la ville, tout récemment construit. Il avait ouvert en août 2007.

Nous savons que toute cette zone du quartier de Bans était autrefois constituée de lônes (des bras du Rhône) qui avaient été petit à petit comblées par des déchets et des ordures ménagères. Cela avait d'ailleurs duré jusque dans les années 70. Une zone d'activité a été réalisée à proximité de cette place de Bans et que pour cela il avait été nécessaire de retirer une masse assez importante de déchets enfouis, non stabilisés qui avait été stockés et recouverts de terre formant ainsi une butte paysagère au sein de cette zone d'activité qui est maintenant occupée par Labo services, la station d'épuration intercommunale, la déchetterie, le centre de regroupement de la collecte des ordures ménagères des communes avoisinantes et même un terrain pour les nomades sédentaires qui étaient déjà là du temps de la décharge qui d'ailleurs leur fournissait une certaine ressource. Alors que disait cet article ?

L'initiateur de ce projet, Farid Touati, indiquait dans cet article qu'il avait entamé une action judiciaire contre la société d'économie de la ville qui avait construit le centre commercial. Rappelons que Givors développement est présidé par le maire Martial Passi et son conseil d'administration est largement dominé par les élus de la majorité du conseil municipal de Givors.

Farid Touati, le gérant de la SCI Les Lônes, reprochait à Givors développement de ne pas avoir réalisé le vide sanitaire qui était nécessaire pour « ventiler l'air vicié provenant du sol pollué... » Ce vide sanitaire était prévu dans le projet.

Or Givors Développement a signé la réception des travaux le 12 juillet 2007 sans apporter aucune réserve alors que de nombreux travaux restaient à réaliser.

En janvier 2009, nous avons commencé une enquête approfondie sur cette affaire, notre équipe d'enquêteurs étant composée de Michelle Palandre, conseillère municipale, présidente du groupe des élus d'opposition, Jean-Marc Bouffard Roupé, ancien président de l'association des contribuables, également conseiller municipal et Alain Pelosato.

Michelle Palandre a joué un rôle très important dans le déroulement de cette enquête.

Voici le calendrier qu'elle a réalisé concernant cette affaire :

23.12.2003 : La commune commande une étude de sol à ANTHEA concernant un terrain sis Place de Bans, qui stipule dans son rapport un risque d'émanation de gaz sulfureux en espace clos et couvert si la construction se fait sans vide sanitaire.

Elle préconise une étude des risques EDER (évaluation détaillée des risques)

26.01.2004 : La SCI Les Lônes se porte acquéreur du terrain pour un montant de 92000€

13.07.2004 : La SCI et son architecte demandent une étude complémentaire à FONDATEC, qui préconise un vide sanitaire, et la réalisation de pieux compte tenu de la nature du sol.

La SCI demande un permis de construire pour la construction de 9 appartements destinés à la vente et des commerces. Permis qui lui est accordé.

Fin 2004 : Le maire déclasse le terrain en ZAC (zone d'aménagement concerté)

Ce qui entraîne l'annulation du permis de construire puisque la SCI ne pourra pas vendre les appartements, mais seulement les louer aux commerçants installés sur le site. Du coup, le prix du terrain baisse de 7%.

20.04.2004 : Un deuxième permis de construire est accordé à la SCI pour construire un centre commercial et les vestiaires sportifs. Prix du projet établi avec l'architecte : 1 350 000€. Un vide sanitaire est bien prévu.

02.02.2006 : Un troisième permis de construire est accordé. Le projet ne comprend plus de logements, à part un seul réservé à l'usage d'habitation du gardien.

Mars 2006 : Givors développement propose à la SCI de construire le même projet, mais pour 1 265 140 €. La SCI accepte et les prêts lui sont accordés sur ces bases.

08.06.2006 : Un accord est mis sur pieds. La SCI se propose de prendre certains postes à sa charge comme le second œuvre.

18.09.2006 : Les travaux démarrent.

05.02.2007 : La DROC est délivrée. La question se pose : *comment peut-on commencer les travaux avant la délivrance de la DROC ?* (DROC signifie : Déclaration Réglementaire d'Ouverture de Chantier)

01.03.2007 : La SCI signe les marchés avec GD pour 2 200 000€

01.06.2007 : La SCI achète le terrain, signe le bail à construction, et signe le bail à long terme (30 ans).

01.07.2007 : Achèvement des travaux avec réception sans réserve. Pourquoi le Gérant de la SCI n'était-il pas présent ?

Le gérant de la SCI montre que 580 000€ de travaux facturés et payés n'ont pas été effectués. Il s'agit du vide sanitaire, des marquages au sol, et l'auto éclairage, tranchée terre, arbres, candélabres, etc.

Voilà le déroulement des faits.

En vérité, le promoteur (la SCI Les Lônes) et Givors développement ont fait une assignation en justice afin de demander à celle-ci de trancher le litige.

Un expert judiciaire a été nommé. Ce dernier relèvera dès le début un certain nombre de problèmes : fissures apparentes, absence de joints de dilatation, béton non conforme, la dalle dont l'épaisseur était prévue de 20 cm ne fait que 16 cm, absence de vide sanitaire.

D'autre part, la question a été posée au maire de l'existence ou non du certificat de conformité. Lors d'une séance privée du conseil municipal du 27 janvier 2009, Michelle Palandre avait posé la question. Il avait été répondu qu'il n'y avait pas de certificat de conformité.

En tant que dirigeant de l'association de défense des contribuables de Givors (à cette époque il en était le vice-président) Alain Pelosato a écrit à M. Passi pour lui demander communication de ce certificat de conformité. Il n'a jamais obtenu de réponse. Il avait dans le même courrier demandé plusieurs documents administratifs. Il a donc saisi la commission d'accès aux documents administratifs, qui lui avait donné raison. Mais M. Passi n'a pas obtempéré et Pelosato est donc allé jusqu'au tribunal administratif. L'avocat de M. Passi (l'association n'avait pas les moyens financiers de la mairie pour payer un avocat) a commencé à expliquer que ce certificat ne pouvait pas être communiqué parce qu'il y avait une expertise judiciaire en cours. Or il aurait suffi que le maire demande à l'expert l'autorisation de le produire, mais il ne l'a pas fait. Finalement face aux arguments de l'association, l'avocat de M. Passi (il s'agissait toujours de maître Vergnon, qui était déjà son avocat dans l'affaire de l'Orée du Rhône...) a avoué que ce certificat « n'existait pas encore » !

Donc, le maire, Martial Passi, a laissé ouvrir un établissement recevant du public, en l'occurrence, le LIDL, sans certificat de conformité.

Il est à noter que monsieur Lambert, qui fut brièvement directeur de Givors Développement, s'était permis dans cette séance privée du conseil municipal de déclarer qu'un certificat de conformité ne servait à rien.

Lors de ce conseil municipal du 27 janvier 2009, Michelle Palandre était intervenue pour poser un certain nombre de questions à M. Passi, maire de la commune et président de Givors développement qui était maître d'ouvrage de la construction de cet immeuble commercial de la place de Bans...

Elle a exposé les nombreuses irrégularités de cette opération immobilière : le maire a autorisé les constructions sans qu'il y ait eu une étude d'exposition aux risques dus à la présence d'une décharge de déchets dans le sous-sol (étude pourtant obligatoire suite à l'étude de la nature du sol réalisée en amont) – ouverture du LIDL alors que le certificat de conformité n'a pas été signé par le maire – calendrier de déroulement du chantier complètement irrégulier : début des travaux six mois avant la délivrance de la déclaration d'ouverture de chantier signée par Goubelly alors adjoint à l'urbanisme, déclaration qui a précédé l'ouverture des marchés et la signature du bail à construction !!! Enfin, alors que le bâtiment présente des anomalies très importantes, la réception des travaux s'est faite sans aucune réserve ! Le directeur de Givors développement concède ces irrégularités exposées par Michelle Palandre en affirmant qu'elles ne « sont pas graves » ! Pourtant, elles font l'objet d'une assignation en justice… Le plaignant, lui, pense que tout cela est très grave au contraire…

M. Passi étant président-directeur général de Givors Développement dans laquelle la ville de Givors détient 80 % des actions, on était en droit de s'attendre à ce qu'il assumât ses responsabilités en défendant ses dossiers foireux.

Pas du tout ! Il laissa le soin au nouveau directeur (M. Lambert) de le faire. M. Passi n'a pratiquement pas eu un mot pour défendre des dossiers indéfendables, et le directeur l'a fait du bout des lèvres, laissant ainsi entendre qu'il n'était pas responsable des irrégularités des dossiers de ses prédécesseurs.

Au cours des années 2009 et 2010, les expertises ont montré une situation bien plus grave que ce qu'elle apparaissait pourtant déjà au moment de l'assignation.

Ces problèmes ont amené l'expert à demander au juge de prendre des dispositions graves.

D'abord de réaliser une vraie étude du sous-sol, comme la première, celle de 2003, l'avait demandé. Cette nouvelle étude a montré que certains secteurs du sous-sol devaient être purgés des gaz de décomposition des déchets. Ce qui a été fait.

Ensuite, la construction elle-même présentait de si graves défauts que la sécurité des personnes pouvait être mise en cause. Ce qui a conduit la justice à faire installer des étais pour renforcer la structure du bâtiment.

Plus l'expertise avançait et plus ce bâtiment pourtant tout neuf se montrait défectueux. Ainsi, fin 2010, la justice ordonna de fermer au public la galerie extérieure du bâtiment et de réaliser de nouveaux étais plus imposants que les précédents.

Entre temps, monsieur Lambert qui trouvait le 27 janvier que tout cela n'était pas grave a dû s'apercevoir que ça l'était puisqu'il a quitté Givors Développement.

En attendant, le petit centre commercial n'a pas trouvé de commerce acceptant de venir, en dehors du LIDL, et le promoteur se voit dans une situation financière éprouvante. Il en est d'ailleurs de même de Givors développement.

On entendait parler de la démolition de ce bâtiment qui ne semblait tenir debout que parce qu'il a été étayé... Mais il ne sera pas démoli... L'expert judiciaire a décidé de ne pas suivre l'avis d'un sapiteur qui préconisait de détruire le bâtiment, mais celui des assureurs qui proposaient de le réparer.

Voici un extrait de la lettre de Michelle Palandre au maire de Givors, courrier daté du 31 mars 2010.

« *Comment avez-vous pu être aussi négligent et ne pas avoir fait accélérer les choses pour que ce bâtiment soit mis aux normes de sécurité pour le personnel et les clients ?*

Comment pendant plus de deux ans, avez-vous pu douter du bien-fondé de la mise en cause du gérant de la SCI des lônes plutôt que de vous inquiéter réellement des problèmes et les résoudre définitivement pour pouvoir enfin délivrer le certificat de conformité ?

Nous ne pouvons nous empêcher de nous poser également cette question :

Que se serait-il passé si le gérant de la SCI des lônes n'avait pas engagé cette procédure contre Givors développement, s'il n'avait pas eu les moyens financiers pour l'assumer, et certaines connaissances dans le bâtiment ?

Peut-on penser que vous auriez délivré le certificat de conformité, que le commerce de LIDL, et d'autres sans doute, auraient ouvert leurs portes au public dans ce centre commercial sans se douter du danger qu'ils couraient ?

En tant que Maire, nous pensons qu'il est de votre responsabilité de vous inquiéter de la sécurité des commerces, et en tant que président de Givors développement, vous auriez dû intervenir immédiatement pour que les choses soit claires et remises dans l'ordre.

Quand il s'agit de construction faite par un privé, vous êtes beaucoup moins tolérant et nonchalant.

Le calendrier des travaux, le montage administratif, le suivi des travaux, la réaction à la mise en cause du gérant de la SCI des lônes, tout laisse à penser dans cette affaire que vous n'avez pas pris vos responsabilités de président.

Nous osons espérer que vous reconnaîtrez avoir mal évalué l'importance de cette affaire et le danger qu'elle représente pour le personnel et les clients de ce commerce.

Nous rappelons que Givors développement va construire d'autres bâtiments publics, à savoir la maison des sportifs et le pôle petite enfance, entre autres.

Peut-on leur faire confiance après la démonstration de la totale incompétence dont ils ont fait preuve dans ce dossier ?

Je me permettrais de reprendre vos propos rapportés dans Le Progrès dans un article consacré à l'effondrement d'un pan de toit rue Jean Ligonnet. Vous déclarez : « Devant la dangerosité de la situation, nous lançons une procédure d'urgence en vue d'une démolition rapide. » Le journaliste de conclure : « Un coup de vent qui aura au moins l'avantage d'accélérer les choses. » Pour l'affaire qui nous intéresse doit-on espérer un coup de vent ? »

Nous noterons en passant que le mot « rapide » dans la bouche de M. Passi doit signifier « lent », car cette démolition des bâtiments dangereux de la rue Jean Ligonnet n'était pas encore terminée en janvier 2011 ! Elle l'a été depuis.

Finalement, (enfin ! devrais-je dire !) l'expert judiciaire a déposé son rapport le 29 octobre 2012 ! Soit plus de cinq ans après l'ouverture du magasin LIDL qui est hébergé dans ce centre commercial aux trois quarts vide...

Michelle Palandre, leader de l'opposition au conseil municipal écrit au maire de Givors après étude du rapport d'expertise qui lui avait été communiqué. Ce courrier avait pour but d'informer l'ensemble du conseil municipal. Voici sa lettre qui résume, en fait, très bien l'ensemble de l'affaire.

Michelle Palandre Conseillère municipale de Givors Présidente du groupe "Le Défi givordin" 69700 Givors
Givors, le 14 mars 2013
Monsieur Martial Passi, Maire, Hôtel de Ville Place Camille Vallin 69700 Givors
Objet : **« désordres » du centre commercial de la place de Bans Question orale posée par écrit.**
Monsieur le maire,
Notre groupe a eu connaissance du rapport définitif de l'expert judiciaire, expert nommé par le tribunal suite à l'assignation de Givors développement par la SCI les Lônes, concernant de graves malfaçons détectées dans la construction du bâtiment du centre commercial de la place de Bans. C'est Givors développement, SAEM de la ville, qui est maître d'ouvrage de cette construction. Vous-même présidez cette SAEM et 6 autres élus de la majorité siègent en son conseil d'administration. Aucun élu de

l'opposition n'est représenté dans ce conseil d'administration. La commune est propriétaire de 80 % des actions de cette société. Vous devez donc rendre compte au conseil municipal de cette action en justice ce que vous n'avez jamais fait.

Le 31 mars 2010, je vous avais posé une question orale par écrit à ce sujet. Vous avez refusé de répondre à mon courrier, comme peuvent en témoigner tous les membres du conseil municipal présents à cette séance du 8 avril 2010. Auparavant, lors du conseil municipal du 29 janvier 2009, je vous avais posé publiquement de nombreuses questions sur ce dossier auxquelles vous n'avez pas répondu, préférant laisser M. Lambert, directeur de la SAEM prendre les responsabilités à votre place. Depuis M. Lambert a quitté ses fonctions au sein de la société Givors développement. Comme bien d'autres directeurs l'ont fait d'ailleurs.

À chaque fois que nous avons évoqué ce dossier au conseil municipal, vous avez nié tout problème.

Aujourd'hui, je constate que ce rapport d'expertise définitif apporte bien des réponses à mes questions posées lors de ces deux séances du conseil municipal. Il aura fallu plus de quatre ans pour que la justice puisse faire son travail !

Voici un bref résumé des conclusions de l'expert judiciaire :

Causes et origines des désordres (P. 40) :

Phase conception : Erreurs de conception du maître d'œuvre et du sous-traitant. Pourtant un consultant a signalé ces non-conformités.

Phase consultation : le maître d'œuvre a retenu une entreprise de gros œuvre maçonnerie pas qualifiée.

Phase réalisation/exécution : 4 causes principales pour ces désordres

1) Défaut de surveillance de chantier, de suivi de travaux, de coordination des entreprises de la part du maître d'œuvre – Défaut d'encadrement, de suivi de sous-traitant par l'entreprise de mise en œuvre.

2) Défaut d'animation et de suivi de la cellule de synthèse et de visa des plans d'exécution, de fabrication de la part du maître d'œuvre.

3) Défaut d'exécution de mise en œuvre qui n'a pas suivi les travaux et pas encadré suffisamment son sous-traitant (on regrette également l'insuffisance d'un consultant, de Givors Développement (qui n'a pas fait de réserve), du maître d'œuvre qui n'a pas alerté l'entreprise adéquate).

4) Défaut d'exécution du sous-traitant. (Comme l'écrira l'expert plus loin, ces défauts n'ont pas permis au sapiteur de détecter sur documents les éventuels désordres et a dû procéder à des sondages coûteux – P. 112.)

Risque pour la sécurité des personnes et la solidité du bâtiment – travaux ou mesures de sauvegarde à mettre en urgence (P. 41) :

Rapport du sapiteur (annexe 5).

1) Réaliser des étaiements.

2) Établir un périmètre de sécurité autour du bâtiment (!).

3) Craintes pour de futurs mouvements dus au manque de chaînages...

Les absences de chaînage, absence de ferraillage, absence de joints de dilatation mis à jour par le sapiteur ont montré que ce désordre compromet la solidité de l'ouvrage et la stabilité du bâtiment. (Rapport du sapiteur de décembre 2010 : **il propose la démolition du bâtiment) (Repris P. 79.)**

Estimation par l'expert de la perte de loyer subi par M. Touati à cause des désordres : 261 373,81 € HT (P. 99) en l'absence de baux pour les autres locaux l'expert laisse le soin au juge de trancher sur ces préjudices et donne quelques indications. (P. 103)

GIVORS DÉVELOPPEMENT est responsable de l'opération immobilière par un ensemble d'actions de pilotage du développement du projet, de soutien et suivi de la mise en œuvre et de la réalisation (chantier) jusqu'à la livraison de l'ouvrage proprement dit. (P. 108)

En tout état de cause, l'expert considère que le maître d'ouvrage (Givors développement) doit un bâtiment fini, conforme et sans désordres à la SCI Les Lônes.

Ces bâtiments doivent de plus être en adéquation avec les engagements pris entre les parties. (P. 115)

Écart de 154 908,49 euros TTC entre le coût réel des travaux confiés à Givors développement et celui facturé par les entreprises (P. 119) (voir Annexe 16).

Le consultant technique a failli dans son travail. (P.126) L'ensemble des travaux nécessaires pour remédier aux désordres se monte à 508 580,39 € HT. (P.128)

Annexes intéressantes : - Rapport sapiteur du 14 décembre 2010 demandant la démolition ! (Annexe 13) - Chiffrage sapiteur « écart entre le coût réel et celui facturé par les entreprises ». (Annexe 16)

Voilà, brièvement résumés les éléments du rapport de l'expert judiciaire. Ce document doit être mis à la connaissance des Givordins qui sont propriétaires à 80 % de la SAEM Givors développement !

Et maintenant voici mes questions :

1) Pourquoi avoir toujours affirmé que tout allait bien dans ce centre commercial alors que l'expert avait ordonné la mise en place d'étais visibles par quiconque passe devant et derrière le bâtiment ?

2) Pourquoi avoir refusé de répondre à mes questions orales posées par écrit du conseil municipal du 8 avril 2010 et laissé le soin à M. Lambert de répondre à votre place à mes questions posées le 29 janvier 2009 ?

3) Qu'auriez-vous fait si la SCI Les Lônes n'avait pas saisi la justice ? Vous auriez laissé un établissement recevant du public présenter de graves problèmes de sécurité au point qu'un expert technique auprès des tribunaux en ait demandé la démolition ? Sachant que Givors développement, dont vous êtes le président, en est le maître d'ouvrage !

4) L'expert a mis en évidence un écart de « 154 908 euros HT entre le coût réel de travaux confiés à Givors développement et celui facturé par les entreprises ». Givors développement aurait donc été spoliée de cette somme. En tant que président de cette société dont 80 % des actions sont détenues par la commune, **pourquoi n'avez-vous pas porté plainte ?** Cette spoliation présumée vous est connue depuis le 29 octobre 2012, date à laquelle le sapiteur a rectifié à la marge son estimation et remis son rapport à l'expert. Or cette estimation était bien antérieure, car nous avions ce document en notre possession depuis 6 mois, mais il n'était pas daté...

5) Comment pensez-vous faire croire que vous pourriez construire un bâtiment de consolidation selon les préconisations de l'expert et avec l'argent des assurances sans attendre la décision de justice ?

6) Pourquoi avoir soutenu au tribunal administratif que vous ne pouviez pas communiquer le certificat de conformité à l'association des contribuables - prétextant l'expertise judiciaire en cours - alors que ce tribunal a fini par établir que ce certificat de conformité n'existait pas ?

7) Toute cette affaire fait l'objet de deux assignations au TGI et est désormais entrée au pénal par le dépôt de plainte de la SCI Les Lônes. M. Passi, quand allez-vous prendre vos responsabilités de président de Givors développement   maître d'ouvrage et votre responsabilité de maire dans cette affaire ????

Je vous prie d'agréer, monsieur le maire, l'expression de mes salutations distinguées.

Michelle Palandre, Conseillère municipale de Givors, Présidente du groupe le Défi givordin.

M. Passi, maire de Givors, n'a apporté aucune réponse aux questions de madame Palandre.

Cette dernière, par courrier du 25 avril 2013 destiné à être lu à l'ensemble du conseil municipal, demande expressément à M. Passi de déposer plainte en lui faisant remarquer que s'il ne le faisait pas, tout contribuable de Givors, pouvait le faire à sa place (article L2132-5 du Code Général des Collectivités Territoriales). Après avoir rappelé l'essentiel du dossier, et notamment les factures payées par Givors développement et n'ayant fait l'objet d'aucune réalisation (voir ci-dessus), voici comment elle interpelle le maire :

« Vous avez dit vous-même que Givors développement est la victime dans cette affaire. Or la commune est la principale actionnaire de cette société d'économie mixte.

La commune est donc également la victime!

D'autre part, si je n'avais pas pris l'initiative de poser ma question orale par écrit, vous n'auriez jamais informé le conseil municipal du rendu de ce rapport d'expertise, puisque celui-ci vous a été communiqué en novembre 2012, et qu'il y a eu plusieurs conseils municipaux entre temps: celui de décembre, celui de janvier et celui de mars.

Nous vous demandons que le prochain conseil municipal délibère sur ce rapport d'expertise et décide:

- De porter plainte et de se constituer partie civile auprès du doyen du juge d'instruction, en tant qu'actionnaire principal de la société Givors développement, et ce, pour le préjudice subi suite aux malfaçons détectées sur ce bâtiment par l'expert judiciaire et, notamment, le préjudice par l'écart de 154 908,49 euros entre le coût réel des travaux confiés à Givors développement et celui facturé par les entreprises.

- De demander aux administrateurs de Givors développement élus de la majorité du conseil municipal de porter plainte au nom de Givors développement auprès du doyen du juge d'instruction concernant les malfaçons présentées par le centre commercial de Bans construit par Givors développement en tant que maître d'ouvrage ainsi que le préjudice financier subi de 154 908,49 euros.

Nous vous prions d'agréer, monsieur le maire, l'expression de nos salutations distinguées. »

Le Maire a fini par porter plainte, poussé dans ses derniers retranchements.

Michelle Palandre lui a écrit à plusieurs reprises pour qu'il fasse connaître au conseil municipal les suites données à cette plainte. N'obtenant aucune réponse (comme d'habitude), elle écrivit à monsieur le procureur qui lui répondit que cette plainte avait été classée, car il y avait prescription. En effet, le délit ayant été commis en 2007, il eût fallu porter plainte avant que trois ans ne fussent écoulés à partir de cette date, ce que M. Passi s'était bien gardé de faire...

Néanmoins, la principale victime de cette malversation, la SCI Les Lônes, n'entendait pas laisser l'affaire en l'état.
En date du 26 juin 2015, le journal Le Progrès écrit :
« Le juge d'instruction, saisi par Farid Touati dans le cadre de la catastrophique construction de son centre commercial confié à la SEM Givors développement, considérait que les infractions dénoncées étaient prescrites. La cour d'appel, elle, demande au juge de poursuivre l'instruction. »

Voilà ! L'affaire n'est pas terminée en cette année 2017 au cours de laquelle j'actualise ces dossiers noirs de la mairie de Givors. À suivre donc...

Irrégularités dans la campagne électorale (2008) de M. Passi

Nous avons vu que le procureur de Lyon avait informé M. Passi qu'il avait classé l'affaire de l'Orée du Rhône quelques jours avant les élections municipales de mars 2008.

Nous trouvons que cela est contraire au devoir de réserve d'un fonctionnaire pendant les campagnes électorales.

Il faut savoir que M. Passi devait être au courant de ce classement qui avait eu lieu le 14 décembre 2007, mais qu'il a bien pris soin d'écrire au procureur pour le lui demander en pleine campagne électorale.

Il s'avéra également que le jugement des diffamations de Ribeyre tomba au même moment.

M. Passi ne se priva pas de publier ces informations dans le journal municipal Vivre à Givors...

M. Passi s'est rendu coupable d'autres irrégularités dans sa campagne électorale.

En tant que candidat sur la liste de Georges Fenech, alors député UMP, Alain Pelosato a donc déposé une requête en annulation au tribunal administratif.

Voyons donc quelles étaient les irrégularités qu'il avait notées, certaines ayant été reconnues par la justice administrative et d'autres non.

Nous reprenons ainsi tout simplement les propos du rapporteur public à l'audience du 2 septembre 2008 du tribunal administratif de Lyon.

« *Une succession d'irrégularités* », telle est l'expression utilisée par le rapporteur public (autrefois appelé "commissaire du gouvernement") à cette audience du tribunal administratif à propos de la campagne électorale de M. Passi aux municipales.

Il faut savoir qu'une audience du tribunal administratif (celle-ci est publique) consiste (en gros) à écouter l'avis du rapporteur public, qui est un magistrat indépendant. Ensuite le tribunal se réunit à huis clos pour délibérer et décider en toute indépendance. En effet, tout a été écrit auparavant : Alain Pelosato a déposé sa requête (un volumineux dossier qu'il a rédigé avec les pièces jointes), puis deux mémoires en réponse aux mémoires en réponse de l'avocat de M. Passi, car lui a les moyens de prendre un avocat, pas Pelosato !

Sur le bien-fondé de sa requête ? Le magistrat estime qu'elle est bien fondée contrairement à ce que demandait M. Passi : de rejeter purement et simplement sa requête comme non fondée. Il en est de même concernant la requête de Ribeyre (différente et séparée de celle de Pelosato). Il faut savoir que M. Passi a osé demander au tribunal de rejeter le bien-fondé de la requête de Ribeyre en invoquant le fait (non démontré !) que monsieur Ribeyre aurait « compromis » (terme employé par Ribeyre dans son mémoire en réponse) le personnel du greffe pour lui imposer le dépôt de sa requête en dehors des heures de fermeture. Le magistrat a souligné que cette allégation ne pouvait être admise connaissant les heures de travail du greffe !

D'autre part, M. Passi ne se sent pas gêné de demander au tribunal de condamner Alain Pelosato (ainsi que Ribeyre) à 3000 euros en sa faveur.

En ce qui concerne les irrégularités qu'Alain Pelosato a dévoilées au tribunal, le magistrat a indiqué clairement qu'on avait effectivement affaire à une « **succession d'irrégularités** ». Néanmoins, il propose, pour chacune de ces irrégularités reconnues par lui, de rejeter la requête au prétexte que « ces irrégularités sont sans incidence sur le résultat des élections » !!! Ses termes exacts sont « **pour autant**, cette irrégularité est sans incidence sur le résultat électoral ». On peut se demander selon quel critère il peut le juger ainsi.

Au final, le commissaire du gouvernement a déclaré : « il appartient au juge de l'élection de décider le rejet du compte de campagne de monsieur M. Passi et son inéligibilité ». En quelque sorte, par cette phrase, il semble ne pas vouloir prendre vraiment position...

Voici la liste des irrégularités reconnues par le magistrat.

M. Passi a utilisé des photographies appartenant à la commune de Givors et à la société d'économie mixte de la ville (Givors développement) en les acquérant **à un prix largement inférieur au prix du**

marché. Ce fait n'est pas contesté par monsieur Passi. Il constitue une infraction à l'article 52-8 du code électoral. Le fait de ne pas mettre cette dépense à son compte de campagne est une irrégularité commise par monsieur M. Passi. Selon le magistrat, il conviendrait d'imputer cet « **avantage prohibé** » au compte de campagne de M. Passi ; d'autant plus que cet avantage n'a pu profiter qu'au seul candidat Passi.

Le journal gratuit "paru/vendu" a publié une publicité payée par les concessionnaires automobiles à propos du projet de pôle automobile de la zone d'activité de l'ancienne verrerie VMC. Voici les propres paroles du magistrat : « Un document certes pas anodin » - « Étrangement synchronisé avec la campagne électorale » - « Références discrètes de l'action de la mairie » - ... D'ailleurs dans son mémoire en défense, M. Passi avait demandé au tribunal de rejeter cet argument au prétexte qu'il n'était pas présent dans la requête initiale d'Alain Pelosato. Le Magistrat propose de ne pas suivre M. Passi et de rattacher l'insertion dans paru/vendu comme argument nouveau. Cet argument est donc recevable.

Selon le magistrat, M. Passi a passé des articles pas neutres dans le journal municipal Vivre à Givors et particulièrement un article tendancieux sur la condamnation de monsieur Ribeyre, sans évoquer d'ailleurs le fait que ce dernier a fait appel.

La décision du Tribunal administratif rendue le 16 septembre 2008 n'a pas suivi tous les arguments du rapporteur public.

Le tribunal reconnaît l'utilisation du journal municipal comme une propagande électorale de la liste de M. Passi :

« (...)les pages 8, 16, 17, 30 et 31 du n° 90 du journal municipal, paru en mars 2008, font état successivement de la manifestation de soutien au conseil des prud'hommes de Givors, de l'avancement du projet de village automobile au sein du pôle économique Rhône-Gier, sujet de la polémique électorale, promouvant un projet de la municipalité, d'une présentation avantageuse du bilan de la gestion financière de la ville et enfin, de condamnations infligées le 20 février 2008 à M. Ribeyre pour diffamation ; qu'elles constituent ainsi, par leur contenu, des documents de propagande électorale en faveur de la liste conduite par M. Passi, en violation des dispositions précitées de l'article L. 52-1 du code électoral ; »

Il reconnaît également comme une irrégularité, l'utilisation par M. Passi des photographies de la mairie dans sa propagande électorale :

« (...)la liste « Ensemble pour Givors », conduite par M. Passi, a utilisé, pour la confection d'une brochure diffusée au cours de la campagne électorale, divers clichés photographiques appartenant à la ville de Givors, comprenant notamment des photographies aériennes ainsi que des maquettes de la société d'économie mixte Givors Développement, réalisées par un architecte ; qu'il est constant, d'une part, que ladite société d'économie mixte avait cédé les droits qu'elle détenait sur l'utilisation de ces images à la ville, d'autre part, que les clichés photographiques utilisés par M. Passi ont été achetés à la commune de Givors, après l'adoption, le 24 septembre 2007, d'une délibération du conseil municipal, prévoyant un prix forfaitaire par photographie ; que, toutefois, le prix d'un euro fixé par ladite délibération, ne correspondant pas à la valeur réelle des clichés, a constitué, au sens des dispositions précitées de l'article L. 52-8 du code électoral, un « avantage » illégal pour la liste conduite par le maire sortant ; »

Mais pour autant il ne sanctionne pas M. Passi pour la raison invoquée suivante :

« Considérant toutefois qu'eu égard à l'importance de l'écart des voix entre les listes de candidats en présence, ces deux irrégularités n'ont pas été de nature à altérer la sincérité du scrutin ; que les conclusions à fin d'annulation présentées par le requérant à l'encontre des opérations électorales qui ont eu lieu le 9 mars 2008 pour la désignation des conseillers municipaux de la commune de Givors doivent, par suite, être rejetées ; »

Il rejette également les conclusions et demandes présentées par M. Passi.

Alain Pelosato décida alors de faire appel en conseil d'État.

Ce dernier a rendu sa décision fin juin 2009.

Celles et ceux qui avaient lu les mémoires en requête d'annulation du jugement du tribunal administratif ont pu noter qu'Alain Pelosato avait axé son argumentation sur l'utilisation du journal municipal Vivre à Givors dans la campagne contre la fermeture du conseil des Prud'hommes.

Il avait noté le poids de cette campagne contre nous, et on peut penser qu'elle n'est pas étrangère au mauvais score que nous avons réalisé.

Or le Conseil d'État n'a pas suivi A. Pelosato sur ce point, bien que chaque numéro du Vivre à Givors entre septembre 2007 et mars 2008 consacrait plusieurs pages à cette question.

Voici l'appréciation du Conseil d'État sur ce sujet : « *Ces éléments qui constituent des informations à caractère général ayant vocation à figurer dans un journal municipal, ne constituent pas une campagne de promotion publicitaire des réalisations ou de la gestion de la commune, au sens du second alinéa de l'article L. 52-1 du code électoral.* »

Vous pouvez constater que le Conseil d'État prend au sens strict les mots de cet article.

Nous le saurons pour la prochaine fois. Nous veillerons à répondre aux campagnes du Vivre à Givors de manière plus étudiée et plus ferme que nous ne l'avons fait, car nous n'avons jamais répondu au Vivre à Givors. Or l'essentiel de la campagne de M. Passi était dans le Vivre à Givors.

Le Conseil d'État a par contre maintenu les irrégularités concernant l'acquisition des photos et a « *suppo-*

sé » que la signature du protocole d'intention par M. Passi « *ait constitué une manœuvre de la part de M. Passi* ». En effet, M. Passi avait signé devant les fidèles musulmans réunis après la prière un protocole dans lequel il s'engageait à trouver les financements pour la construction de la mosquée. Il l'a fait en tant que président de la société d'économie mixte de la ville Givors Développement. Ignorant ce fait, Pelosato ne l'avait pas intégré dans sa requête initiale au tribunal administratif. Il l'a fait ensuite dans sa requête au Conseil d'État après en avoir eu connaissance. Il s'est avéré ensuite que M. Passi n'a pas tenu parole, évidemment, et n'a pu trouver aucun financement. D'ailleurs cette question a été évoquée au conseil municipal du 27 janvier 2009 par Michelle Palandre qui a interpellé M. Passi en ces termes : « *Monsieur le Président de Givors Développement, vous avez signé un protocole d'intention avec l'association IQRA pour la construction de la mosquée. Quel en est le contenu ? Je vous précise que la loi des SEM (sociétés d'économie mixte) prévoit dans les modalités d'intervention, que celles-ci doivent être subordonnées à la condition que les personnes auprès desquelles la SEM intervient doivent apporter préalablement la totalité du financement nécessaire s'il s'agit de personnes privées ,ce qui est le cas dans cette affaire. On peut penser que ce projet n'a pas abouti à cause de cela. Mais qui ne savait pas que l'IQRA n'avait pas tous les fonds nécessaires, puisque leur projet est basé sut des dons, et comme l'a dit Mr*

Passi, dans son article du Progrès du 18.01, les banques refusent de prêter, car il n'y a pas de personne morale. D'autre part, comment Mr Passi a pu signer un tel protocole le 7 mars avec une communauté qui compte énormément de personnes, en agissant sur un projet qui leur tient particulièrement à cœur, par que c'est un lieu de culte, puisqu'il savait bien que s'il était élu, il ne pourrait pas concrétiser le projet pour les raisons évoquées plus haut, et parce que si il n'était pas élu, il mettait son adversaire à mal parce que lui non plus ne pourrait rien faire. Ce jour-là, le 7 mars, soit deux jours avant les élections, vous auriez pu inviter vos adversaires de la campagne électorale, Mr Passi. Ils auraient pu s'exprimer et prendre position. Vous n'avez pas été régulier. »

Enfin, revenons à la décision du Conseil d'État.

En rejetant la requête de Pelosato le Conseil d'État a donc entériné le jugement du tribunal administratif qui avait pointé de nombreuses irrégularités.

Alain Pelosato nota également qu'étant donné qu'il y avait DEUX jugements du tribunal administratif, il voyait mal comment le Conseil d'État eût pu en annuler un et pas l'autre, les deux ayant le même contenu. Puisque Ribeyre, lui, n'était pas allé au Conseil d'État.

Enfin, le Conseil d'État souligne que « *ni les dispositions de l'article L. 52-15 ; ni aucune autre disposition n'oblige la commission nationale des comptes de campagne et des financements politiques à rejeter le compte d'un candidat faisant apparaître qu'il a béné-*

ficié de la part de personnes morales d'un avantage prohibé (...) » Autrement dit ladite commission fait ce qu'elle veut ! Et dans notre cas d'espèce, elle n'a pas rejeté le compte de Passi alors qu'Alain Pelosato avait pris bien soin d'envoyer à la commission des comptes de campagne, un double de tous ses mémoires et pièces jointes !

Pour terminer, le Conseil d'État déclare « *qu'il n'y a pas lieu de faire droit aux conclusions présentées au titre de l'article L. 761-1 du code de justice administrative par M. Passi* »

En l'occurrence il s'agit de la réclamation par M. Passi de 5000 euros de dommages et intérêts qui est "purement et simplement" rejetée.

C'est un peu ignoble de la part d'un maire de demander au tribunal administratif de condamner un citoyen de condition modeste qui ne fait que son devoir à des pénalités d'un montant si élevé ?

Cette action n'a pas été inutile. En 2014, M. Passi a fait un peu plus attention de respecter la loi dans sa campagne électorale. Mais il a quand même commis quelques irrégularités. Aucun de ses adversaires n'a eu le courage d'interroger le tribunal administratif sur ces faits.

Ni la liste Front National, dont la tête de file déclarait qu'il ferait « exploser » le dossier de la place de Bans et qui n'a rien fait, ni la liste d'opposition de Gauche n'ont mis les mains dans le cambouis...

Quant à la liste du Défi givordin, comme on peut le lire ci-dessus, elle avait beaucoup donné en 2008, et de l'avis du tribunal administratif on peut conclure qu'il n'est pas interdit de violer la loi si on fait un bon score aux élections !

Pourtant, les résultats de M. Passi ont été en net recul en 2014 : alors qu'il est passé au premier tour en 2008 avec plus de 52 % des voix il n'a fait au premier tour de 2014 que 43% !

En 2001 il avait fait 58 % au premier tour, en 2008, 52 %, et en 2014, 43 % !

Soit 15 points de moins en 12 ans...

La chute est brutale et, vu l'ambiance du mandat 2014-2020, elle s'accentue encore plus !

Autres actions

au tribunal administratif

Nos actions au tribunal administratif
et la défense des intérêts
des Givordines et Givordins
<u>**29 délibérations et 6 décisions y ont été annulées**</u>
suite aux requêtes des élus du Défi givordin (Michelle Palandre – Jean-Marc Bouffard – Alain Pelosato) (*et de l'association de défense des contribuables*)

Chacun son rôle !
Notre rôle est de contester les délibérations et décisions du maire qui ne vont pas dans le sens de l'intérêt des Givordins. Nous votons contre au conseil municipal. Parfois nous saisissons le tribunal administratif. Le rôle du tribunal est de vérifier si la légalité administrative est respectée, mais pas de juger si les décisions prises par la majorité sont dans votre intérêt. C'est nous qui évaluons si porter une délibération devant le tribunal administratif va dans le sens de la défense de l'intérêt des Givordines et des Givordins. Nous avons gagné de nombreuses fois, et nous sommes fiers d'avoir pu vous protéger. Nous continuerons à le faire en y passant tout le temps qu'il faudra et aussi notre argent. La défense du

maire est assurée par des avocats payés par les contribuables, alors qu'il y a du personnel municipal qualifié pour le faire et, s'il doit payer des « dommages et intérêts », il les paye aussi avec vos impôts. Nous assurons notre défense nous-mêmes, sans avocat. Et pour préserver les finances communales, en général, nous ne demandons pas de « dommages et intérêts ».

Chacun son rôle : oui ! Mais pas avec les mêmes armes. Est-ce cela l'égalité ? Non, mais nous préférons garder la liberté de protéger vos intérêts.

Michelle Palandre
Alain Pelosato

Délibérations annulées
par le tribunal administratif (TA)
Sur requête des élus du Défi givordin

À ce jour (le 4 mars 2019)
<u>**29 délibérations ont été annulées**</u> suite aux requêtes des élus du Défi givordin.
<u>**6 décisions annulées.**</u>
En comptant les délibérations annulées par le Maire lui-même suite à nos interventions avant saisine du TA.

Il faut savoir que les élus du Défi givordin déposent leurs requêtes sans l'aide d'un avocat, car ils n'ont pas les moyens, comme la commune, de payer 1000 à 1500 euros le mémoire à un avocat, pour environ, une moyenne de 5 mémoires par affaire. Nous ne demandons jamais de dommages et intérêts à la commune, car nous ne voulons pas sanctionner les contribuables pour les irrégularités commises par le maire. Ce qui n'est pas le cas de ce dernier qui demande pour chaque affaire de 1500 à 5000 euros de dommages et intérêts !

De plus, M. Passi a le culot de demander au tribunal de nous condamner à 3000 euros d'amende pour requête abusive (article 741-12 du code de justice administrative), ce que **le tribunal s'est toujours refusé de faire, malgré les exigences de ses avocats à l'audience**. D'ailleurs le tribunal a été très clair sur ce point : « *8. Aux termes de l'article R. 741-12 du code de justice administrative : « Le juge peut infliger à l'auteur d'une requête qu'il estime abusive une amende dont le montant ne peut excéder 3 000 euros. »*

*9. **La faculté prévue par ces dispositions constituant un pouvoir propre du juge, les conclusions de la commune de Givors tendant à ce que M. Bouffard-Roupé soit condamné à une telle amende ne sont pas recevables** »*

Il est donc parfaitement clair que le juge considère que les requêtes de **Jean- Marc Bouffard** ne sont pas abusives !

Comme celles d'**Alain Pelosato** et **Michelle Palandre**. Et M. Passi demande 5 000 euros « au titre des frais exposés », ce que le tribunal a rejeté pour toutes les requêtes déposées.

Les décisions du TA sont présentées
par ordre chronologique.

Lotissement des Bruyères de Givors développement : 3 délibérations annulées
Jugements N°S 0806695-0907302
« Considérant que, sous le n° 0806695, M. BOUFFARD-ROUPE, conseiller municipal de la commune de Givors, demande l'annulation de la délibération du 28 mai 2008 par laquelle le conseil municipal de Givors a autorisé le remboursement des travaux réalisés par la SEM Givors- Développement pour un montant de 231 997,66 euros toutes taxes comprises; que, sous le n° 0907302, M. BOUFFARD-ROUPE demande l'annulation de la délibération n° 14 du 1er octobre 2009 par laquelle le conseil municipal de Givors a autorisé le remboursement des travaux réalisés par la SEM Givors-Développement en substitution de la commune pour un montant de 231 997,66 euros toutes taxes comprises et a autorisé le maire à signer tous documents et à prendre toutes décisions nécessaires à l'application de cette délibération; »
Dans les deux cas, le tribunal décide :
« M. BOUFF ARD-ROUPE est dès lors fondé à soutenir que la délibération contestée a méconnu les dispositions précitées de l'article L. 2121-13 du code général des collectivités territoriales et à en demander, pour ce motif, l'annulation; »
Et le tribunal ANNULE les DEUX DÉLIBÉRATIONS

Suite à la première requête de JM Bouffard, M. Passi croyant régler le problème a proposé au vote du conseil municipal, une deuxième délibération. Ces deux délibérations ont été annulées comme on peut le lire ci-dessus !

Mais, M. Passi n'en a cure, il propose au vote une troisième délibération pour laquelle JM Bouffard dépose également une requête en annulation. L'instruction de ce dossier est close depuis le 28 mars 2014.

CRACL 2010 (Compte Rendu d'activité à la collectivité)

Le CRACL rend compte au conseil municipal de la gestion par Givors développement de la ZAC de VMC (pôle automobile)

Jugement N° 1107786

« 10. Considérant qu'aux termes de l'article L. 2121-13 du code général des collectivités territoriales: « *Tout membre du conseil municipal a le droit, dans le cadre de sa fonction, d'être informé des affaires de 1(1 commune qui font l'objet d'une délibération.* » ; qu'aux termes de j'article L. 2121-29 du code général de collectivités territoriales: « *Le conseil municipal règle par ,\'es délibérations les affaires de la commune. (...)))* ; qu'il résulte de ces dispositions que les conseillers municipaux tiennent de leur qualité de membres de l'assemblée municipale appelés à délibérer sur les affaires de la commune, le droit d'être informés et de s'exprimer sur tout ce qui touche à ces affaires dans des conditions leur permettant de remplir pleinement leur mandat; que ce droit comporte, sous réserve de la police de l'assemblée exercée par le Maire, celui pour chaque conseiller de pouvoir s'exprimer sur les affaires inscrites avec débat à l'ordre du jour du conseil municipal;

II. Considérant qu'il ressort des pièces du dossier que lors du débat sur la délibération n° 5 inscrite à l'ordre du jour du conseil municipal du 3 octobre 2011. le maire de Givors a refusé la parole à M. BOUFFARD-ROUPE au motif qu'il était déjà intervenu une première fois sur le même sujet CI qu'en application de l'article 6 du règlement intérieur limitant le temps de parole total des conseillers municipaux s'agissant des affaires inscrites avec débat à l'ordre du jour du conseil municipal à trois minutes, sauf en ce qui concerne le rapporteur, il ne pouvait intervenir une seconde fois sur le même sujet, le maire de la commune de Givors a porté à son droit d'expression, en sa qualité de conseiller municipal. Une atteinte de nature à entacher d'illégalité la délibération attaquée; que, par suite, M. BOUFFARD-ROUPE est fondé, sans qu'il soit besoin d'examiner les autres moyens de sa requête, à demander l'annulation de la délibération n° 5 du 3 octobre 20 11 approuvant le compte rendu annuel d'activité à la collectivité pour

2010 de la société d'économie mixte « Givors déve-loppement, chargée de l'aménagement de la zone d'aménagement concerté « VMC» ;
Et le tribunal annule cette délibération

Le tribunal rejette également les demandes de ce que le maire appelle improprement « dommages et intérêts », mais qui sont des sommes demandées au titre des « frais exposés ».

Ce CRACL 2010 ayant été annulé par le TA le maire a présenté le même CRACL 2010 au conseil municipal de juin 2014!
Cette présentation s'étant faite dans la plus parfaite illégalité, Alain Pelosato, conseiller municipal nouvel-lement élu a déposé une requête pour annuler de nouveau ce CRACL.

D'autre part, le dossier d'annulation des CRACL 2011 et 2012sont en cours d'instruction suite aux requêtes de Jean-Marc Bouffard.
La requête d'annulation du CRACL 2013 a également été déposée en juillet 2014 par Alain Pelosato

Construction du CTM (Centre technique municipal)
Jugement N° 0907304
« Considérant, toutefois, qu'il ressort des pièces du dossier et notamment du procès-verbal de la séance

du 1er octobre 2009 ainsi que des écritures non sérieusement contestées de M. BOUFFARD-ROUPE, que Mme Palandre, responsable du groupe d'opposition, « Défi Givordin », a expressément sollicité des informations et notamment des documents sur le montage financier de l'opération ainsi que la justification du coût du nouveau centre technique;

qu'il ressort des pièces du dossier qu'aucune information précise ni aucun document sur le montage financier et la justification des coûts du projet n'ont été apportés en séance à Mme Palandre; qu'il s'ensuit que les conseillers municipaux n'ont pas disposé d'une information suffisante leur permettant d'émettre un vote éclairé sur la délibération du 1er octobre 2009 ; que M. BOUFFARD-ROUPE est dès lors fondé à soutenir que la délibération contestée a méconnu les dispositions précitées de l'article L. 2121-13 du code général des collectivités territoriales et à en demander, pour ce motif, l'annulation; »

Le tribunal annule la délibération et rejette la demande de dommages et intérêts de M. Passi.

Le Maire a donc été contraint de présenter une autre délibération au conseil municipal. En respectant la loi cette fois.

Cession gratuite de terrains de valeur 7,2 millions d'euros de la commune à l'hôpital (4 délibérations annulées)

La maire a présenté deux délibérations cédant à titre gratuit des terrains et bâtiments d'une valeur de 7,2 millions de francs.

Michelle Palandre a attaqué ces deux délibérations au TA. Du coup, le Maire les a annulées et en a présenté deux autres qui ont également été attaquées par Michelle Palandre.

Jugement N° 1107555 – 1107804

« 12. Considérant qu'il ressort des pièces du dossier que lors du débat sur les délibérations n° 1 et 2 inscrites à l'ordre du jour du conseil municipal du 3 octobre 2011, l'intervention de Mme P ALANDRE a été interrompue par le maire, lequel lui a, en outre, refusé la parole pour une seconde intervention sur le même sujet, au motif qu'en application de l'article 6 du règlement intérieur, son temps de parole total était limité à trois minutes s'agissant des affaires inscrites avec débat à l'ordre du jour du conseil municipal: que le maire de la commune de Givors a, ainsi, porté au droit d'expression de Mme PALANDRE, en sa qualité de conseillère municipale, une atteinte de nature à entacher d'illégalité les deux délibérations attaquées; que, par suite, MM. BOUDJELLABA et FRETY et Mme PALANDRE sont fondés, sans qu'il soit besoin d'examiner les autres moyens des requêtes, à demander l'annulation des délibérations n°

1 et 2 du 3 octobre 2011 en tant qu'elles actent le transfert de propriété de la commune au centre hospitalier de Givors d'un ensemble foncier d'ores et déjà affecté au fonctionnement de l'hôpital et la cession par la commune au même centre hospitalier d'un terrain destiné à supporter ses projets d'extension; »

Le tribunal a donc annulé ces deux autres délibérations. Et rejeté les demandes de « dommages et intérêts » de M. Passi.

Mrs Boudjellaba et Frety avaient déposé une requête demandant l'annulation de l'ensemble du conseil municipal au motif que le maire appliquait l'article 6 du règlement intérieur qui limitait le temps de parole. Sa requête a été rejetée. Néanmoins, le tribunal a associé sa requête à celle de Michelle Palandre contre les délibérations des terrains cédés à l'hôpital. Voici les termes de la motivation du TA pour rejeter la requête de Mrs Boudjellaba et Frety :

« 13. Considérant que MM. BOUDJELLABA et FRETY ne démontrant pas avoir été effectivement interrompus dans leurs interventions ou limités quant au nombre de ces dernières s'agissant des autres délibérations inscrites à l'ordre du jour de la séance du conseil municipal de Givors du 3 octobre 2011, ne sont pas fondés à en demander l'annulation pour ce motif; qu'ils n'invoquent aucun autre moyen à l'appui de leurs conclusions qui doivent, dès lors, être rejetées; »

Vente d'un tènement immobilier à la société Malura

Jugement N° 1107791

« 6. Considérant qu'il ne ressort pas des pièces du dossier que le cahier des charges du projet immobilier soumis à rassemblée délibérante ait été transmis aux conseillers municipaux avant la séance du 3 octobre 201 1 : qu'il n'est pas davantage établi que les élus aient reçu des éléments d'information sur le nombre de sociétés ayant répondu à rappel à projet. Sur le contenu de leurs projets et sur les motifs pour lesquels celui de la société Malura a été retenu; que si la commune de Givors fait valoir que J'avis de France Domaine et le projet de la société Malura ont été communiqués aux élus, ces éléments étaient à eux seuls insuffisants pour leur permettre de voter en toute connaissance de cause: qu'enfin. si les conseillers municipaux pouvaient. Comme le fait valoir la défenderesse, demander tout document complémentaire s'ils s'estimaient insuffisamment informés, cette possibilité n'exonérait pas la commune de Givors de respecter les termes de l'article L. 2121-12 du code général des collectivités territoriales et de leur fournir spontanément tout document susceptible de les informer de manière suffisamment précise sur les motifs et objectifs du projet de délibération soumis à leur vote ; qu'ainsi, la commune de Givors n'a pas respecté les exigences d'information résultant des articles L. 2121-12 et L. 2121-13 du code général des collectivités territoriales ; qu'il suit de là, sans qu'il soit besoin d'examiner les autres moyens de la requête, que M. BOUFFARD- ROUPE est fondé à demander pour ce motif Annulation de la délibération du 3 octobre 2011 par laquelle le conseil municipal a approuvé la vente d' un tènement immobilier à la société Malura promotions immobilières; » Le TA a annulé la délibération et rejeté la demande de dommages et intérêts faire par M. Passi

Garantie par la commune d'un emprunt réalisé par Givors développement pour la construction du Tri postal

Jugement N° 0808640

« Considérant qu'aux termes de l'article L. 2121-13 du code général des collectivités territoriales: *"Tout membre du conseil municipal a le droit, dans le cadre de sa fonction, d'être informé des affaires de la commune qui font l'objet d'une délibération"*; que, selon les termes de la délibération litigieuse autorisant le maire à intervenir en qualité de garant au contrat de prêt qui sera passé entre la Caisse d'Épargne Rhône-Alpes Lyon et la société d'économie mixte "Givors Développement", celle-ci visait à permettre à la société d'obtenir les meilleures conditions de financement auprès de l'établissement bancaire; ,qu'il ressort toutefois des pièces du dossier qu'un contrat de prêt, liant la banque et la société d'économie mixte, avait été signé dès décembre 2007 et fixait les garanties prises par la Caisse d'Épargne Rhône-Alpes sous la forme d'une hypothèque de premier rang à hauteur de 50 % du montant du prêt portant sur deux parcelles, et du nantissement du compte à terme ouvert dans les livres de la Caisse d'Épargne au nom de la société d'économie mixte, à hauteur des 50 % restant; qu'il ne ressort pas de la délibération du 29 septembre 2008 que cet élément a été porté à la connaissance du conseil municipal ni que les conditions essentielles de l'emprunt consenties par la banque à "Givors Développement" ont été plus favorables que celles résultant du contrat conclu neuf mois auparavant;

que l'information ainsi donnée aux élus municipaux a été de nature à les induire en erreur sur la portée de leur délibération; que M. BOUFF ARD- ROUPE est dès lors fondé à soutenir que la délibération contestée a méconnu l'article L. 2121-13 précité du code général des collectivités territoriales et à en demander l'annulation; »

Le tribunal a donc annulé la délibération. Et rejeté la demande de « dommages et intérêts » de M. Passi.

Mais M. Passi n'a jamais exécuté ce jugement puisque cette garantie d'intérêt subsistait dans le budget de la commune voté ultérieurement. JM Bouffard a donc été contraint de demander au TA de lancer une procédure juridictionnelle d'exécution, Et la commune a été condamnée à payer 200 euros de dommages et intérêts...

Jugement N° 1204913

« 5. Considérant qu'il résulte de l'instruction qu'eu égard au délai observé par la commune de Givors pour assurer l'exécution du jugement du 8 juillet 2010, elle doit être regardée comme la partie perdante au présent litige: qu'il y a lieu, par suite, de mettre à sa charge, sur le fondement des dispositions de l'article L. 761-1 du code de justice administrative, le versement à M. BOUFFARD-GROUPE d'une somme de 200 euros au titre des frais exposés et non compris dans les dépens; »

Modifications budgétaires du conseil municipal du 16/10/2012 annulées par le tribunal administratif
Jugement N° 207982 (...)
Il est constant que l'information donnée aux conseillers municipaux avant le vote de la délibération en litige, s'est limitée à la communication d'un projet de délibération qui sous forme d'un simple tableau se bornait à mentionner des mouvements de crédits concernant différents postes de dépense, dont quelques mots et sigles indiquaient l'objet, pour un montant total de 1 159800 euros. De plus, il ressort des pièces du dossier qu'il n'a pas été répondu aux questions posées en séance par M. Bouffard-Roupé concernant une participation de 400000 euros destinée à la société d'économie mixte Givors développement pour le financement de la ZAC VMC, des crédits supplémentaires d'un montant de 150000 euros et de 127 000 euros destinés au « PPE » et des crédits supplémentaires d'un montant de 430 000 euros destinés à l'augmentation des rémunérations des personnels non titulaires et des cotisations sociales

afférentes. Enfin, alors que M. Bouffard- Roupé avait demandé, d'abord par courriel en date du 23 septembre 2012 puis oralement lors de la séance du conseil municipal en cause, communication d'un bilan financier d'une manifestation organisée par une association pour laquelle le projet de délibération en litige décidait d'une subvention exceptionnelle, il a simplement été invité à prendre contact avec l'association bénéficiaire au motif que ce bilan n'était pas en possession de la commune alors que pourtant, ainsi que l'établissent les pièces du dossier, il avait été préalablement communiqué lors d'une réunion d'une commission thématique à laquelle le requérant n'avait pu participer. Ainsi eu égard au caractère laconique du projet de délibération en cause, à l'absence de réponse donnée aux questions précises et pertinentes posées en séance par le requérant et à l'absence de communication du bilan financier qu'il avait par deux fois réclamée, M. Bouffard-Roupé est fondé à soutenir que la délibération litigieuse a été adoptée en méconnaissance des dispositions précitées.

Si les actes administratifs doivent être pris selon les formes et conformément aux procédures prévues par les lois et règlements, un vice affectant le déroulement d'une procédure administrative préalable, suivie à titre obligatoire ou facultatif, n'est de nature à entacher d'illégalité la décision prise que s' il ressort des pièces du dossier qu'il a été susceptible d'exercer, en l'espèce, une influence sur le sens de la décision prise ou qu'il a privé les intéressés d'une garantie.

Il ne ressort pas des pièces du dossier que le conseil municipal de la commune de Givors aurait, lors de précédentes délibérations, bénéficié d'une information appropriée sur les mesures envisagées par la délibération en litige. Ainsi, les insuffisances de l'information des élus précédemment décrites doivent être regardées comme ayant, en l'espèce, privé les membres du conseil municipal d'une garantie qui, liée à leur droit à l'information, conditionne l'exercice de leur mandat.

Il résulte de ce qui précède, et sans qu'il soit besoin d'examiner les autres moyens de la requête, que M. Bouffard-Roupé est fondé à demander l'annulation de la délibération n° 1 du 16 octobre 2012 portant décisions budgétaires modificatives.

Les conclusions présentées par M. Bouffard-Roupé sur le fondement de l'article L. 761-1 du code de justice administrative et tendant au remboursement des frais exposés par lui et non compris dans les dépens sont, faute d'être chiffrées, irrecevables. Les dispositions du même article font par ailleurs obstacle à ce que les sommes demandées à ce titre par la commune de Givors soient mises à la charge de M. Bouffard-Roupé, qui n'est pas la partie perdante.

(Le tribunal) DÉCIDE:

Article 1 : La délibération n° 1 en date du 16 octobre 2012 par laquelle la commune de Givors a décidé de modifications budgétaires à son budget primitif pour 2012 est annulée.

Article 2 : Les conclusions présentées par la commune de Givors sur le fondement de l'article L. 76 1-1 du code de justice administrative sont rejetées.

CRACL 2011 (Compte Rendu d'activité à la collectivité)
Jugement du 15 mai 2014 No 1107786

11.   Considérant qu'il ressort des pièces du dossier que lors du débat sur la délibération n° 5 inscrite à l'ordre du jour du conseil municipal du 3 octobre 2011, le maire de Givors a refusé la parole à M. BOUFFARD-ROUPE au motif qu'il était déjà intervenu une première fois sur le même sujet et qu'en application de !"article 6 du règlement intérieur limitant le temps de parole total des conseillers municipaux s'agissant des affaires inscrites avec débat à l' ordre du jour du conseil municipal à trois minutes, sauf en ce qui concerne le rapporteur, il ne pouvait intervenir une seconde fois sur le même sujet, le maire de la commune de Givors a porté à son droit d'expression, en sa qualité de conseiller municipal une atteinte de nature à entache r d'illégalité la délibération attaquée; que, par suite, M. BOUFFARD-ROUPE est fondé, sans qu'il soit besoin d'examiner les autres moyens de sa requête, à demander l'annulation de la délibération n° 5 du 3 oc-

tobre 2011 approuvant le compte rendu annuel d'activité à la collectivité pour 2010 de la société d'économie mixte« Givors développement» chargée de l'aménagement de la zone d'aménagement concerté « VMC » ;

Remboursement de 23 1 997,66 euros à Givors développement pour le lotissement de Bruyères
Jugement du 30juin 2016

6.   Si les actes administratifs doivent être pris selon les formes et conformément aux procédures prévues par les lois et règlements, un vice affectant le déroulement d'une procédure administrative préalable, suivie à titre obligatoire ou facultatif, n' est de nature à entacher d'illégalité la décision prise que s'il ress01t des pièces du dossier qu'il a été susceptible d'exercer, en l' espèce, une influence sur le sens de la décision prise ou qu' il a privé les intéressés d'une garantie.

7.   L'insuffisance de l'information transmise aux membres du conseil municipal, qui a déjà été relevée s'agissant des précédentes délibérations du 28 mai 2008 et du 1er octobre 2009 ayant le même objet, a été susceptible d' exercer une influence sur le sens de la délibération et a privé les membres du conseil municipal d'une garantie. Par suite, la délibération du 18 décembre 2012 est enta-

chée de la méconnaissance des dispositions de l'article L. 2121-13 du code général des collectivités territoriales.

8.   Il résulte de ce qui précède, sans qu'il soit besoin de statuer sur les autres moyens de la requête, que M. Bouffard-Roupé est fondé à demander l'annulation de la délibération n° 21 en date du 18 décembre 2012 par laquelle le conseil municipal de Givors a autorisé le remboursement à Givors Développement de la somme de 23 1 997,66 euros correspondant aux travaux réalisés par substitution à la commune .

CRACL 2012 (Compte rendu à la collectivité locale de la gestion de la ZAC de VMC par Givors développement (aujourd'hui SAGIM)
Jugement du 4 mai 2017 No 1401102

3.   Aux termes de l'article L. 2121-13 du code général des collectivités territoriales :
« Tout membre du conseil municipal a le droit, dans le cadre de sa fonction, d'être informé des affaires de la commune qui font l'objet d'une délibération.». Aux te1mes de l'article L. 2121-29 du même code : « Le conseil municipal règle par ses délibérations les affaires de la commune. (...) ».
Il résulte de ces dispositions que les conseillers municipaux tiennent de leur qualité de membres de l'assemblée municipale appelés à délibérer sur les affaires de la commune, le droit d'être informés et

de s'exprimer sur tout ce qui touche à ces affaires dans des conditions leur permettant de rempli r pleinement leur mandat. Ce droit comporte, sous réserve de la police de l'assemblée exercée par le maire, celui pour chaque conseiller de pouvoir s'exprimer sur les affaires inscrites avec débat à l'ordre du jour du conseil municipal.

Il ressort des pièces du dossier, et notamment de l'enregistrement de la séance du conseil munici-pal. Que lors du débat sur la délibération n° 13 ins-crite à l'ordre du jour du conseil municipal du 15 octobre 2013. le maire de Givors a coupé la pa-role à M.Bouffard-Roupé au bout de trois minutes d' intervention, au motif que le temps de parole des conseillers municipaux s' agissant des affaires inscrites avec débat à l' ordre du jour du conseil municipal était limité à trois minutes. En inter-rompant ainsi l' intervention d' un conseiller muni-cipal, sans le justifier par l' exercice de la police de l'assemblée, le maire de la commune de Givors a porté au droit d'expression de M. Bouffard-Roupé, en sa qualité de conseiller municipal, une atteinte de nature à entacher d'illégalité la délibération atta-quée.

4. Il résulte de ce qui précède que M. Bouffard-Roupé est fondé à demander l'annula-tion de la délibération n° 13 du 15 octobre 2013. Le moyen tiré de la méconnaissance du droit à l'ex pression du requérant suffisant à entraîner cette annu-

lation, il n'est pas nécessaire d'examiner les autres moyens de la requête.

5 délibérations annulées et une décision : Compte administratif 2013 annulé et les deux délibérations qui suivent (résultats et affectation des résultats) - CRACL 2010 annulé (deuxième version de 2014) - CRACL 2013 annulé (_tous les CRACL ont été annulés depuis 2010_ !) – décision de ne pas communiquer la liste des bénéficiaires du CME annulée.
Requêtes déposées par Alain Pelosato
Audience du 11/07/2017.

Compte administratif 2013 de la commune, affectation des résultats et décisions modificatives : trois délibérations annulées
(...)
6.   Considérant qu'un vice affectant le déroulement d'une procédure administrative préalable, suivie à titre obligatoire ou facultatif, n'est de nature à entacher d'illégalité la décision prise que s'il ressort des pièces du dossier qu'il a été susceptible d'exercer, en l'espèce, une influence sur le sens de la décision prise ou qu'il a privé les intéressés d'une garantie; que, dans les circonstances de l'espèce, la présidence de la séance du conseil municipal de la commune de Givors par le maire lors des débats sur l'examen du compte administratif pour l'année 2013 a été susceptible d'influencer le sens des débats et, par suite, le vote par lequel les élus du conseil muni-

cipal ont approuvé le compte administratif, et ce alors même que le maire s'est retiré à l'occasion du vote ; que, par suite, M. Pelosato est fondé à soutenir que cette irrégularité a entaché d'illégalité la délibération du 30 juin 2014 en tant qu'elle porte adoption du compte administratif 2013 ;

Sur les conclusions tendant à l'annulation de la délibération n° 3 en tant qu'elle porte« affectation des résultats 2013 » et de la délibération n° 4 en tant qu'elle adopte les « décisions modificatives n°1 au budget 2014 » :

7. Considérant que, eu égard à l'irrégularité dont se trouve entachée la délibération du conseil municipal de Givors du 30 juin 2014 en tant qu'elle approuve le compte administratif pour 2013, les délibérations du même jour portant « affectation des résultats 2013 » et portant « décisions modificatives n°1 au budget 2014 », sont dépourvues de base légale et doivent, par voie de conséquence, être annulées ;

8. Considérant qu'il résulte de l'ensemble de ce qui précède, sans qu'il soit besoin d'examiner les autres moyens de la requête, que M. Pelosato est fondé à demander l'annulation des délibérations n° 2, n° 3 et n° 4 du conseil municipal de Givors ;

DÉCIDE:

Article 1er : La délibération n° 2 du 30 juin 2014 par laquelle le conseil municipal de Givors a adopté le compte administratif 2013 de la commune, la délibération n° 3 portant affectation du résultat 2013 et la délibération n° 4 approuvant les décisions mo-dificatives   n° 1 au budget 2014 sont annulées.

Refus du maire de communiquer la liste des bénéfi-ciaires du Contrat Municipal Étudiant

5.   Considérant qu'il est constant que le maire de la commune de Givors a refusé de communiquer   à M. Pelosato, conseiller   municipal, la   liste   des bénéficiaires du dispositif « contrat municipal étu-diant» au motif que ces documents n'étaient pas communicables en application de la loi du 17 juillet 1978 susvisée; qu'ainsi, l'autorité   administrative n'a pas procédé à l' appréciation mentionnée   ci-dessus qu'appelait de sa part la demande formulée par M. Pelosato et Mme Palandre ; que, par suite, la dé-cision litigieuse opposant un refus à ladite demande se trouve entachée d'une erreur de droit;

6.   Considérant qu'il résulte de ce qui précède, et sans qu'il soit besoin d'examiner les autres moyens de la requête, que M. Pelosato est fondé à demander l'annulation de la décision du maire de la commune de Givors du 1er septembre 2014, confirmée le 22 décembre 2014, refusant la communication des do-cuments sollicités ;

DÉCIDE:

Article 1er : La décision du 1er septembre 2014, con-firmée le 22 décembre 2014, du maire de la com-mune de Givors est annulée.

Article 2 : Il est enjoint au maire de la commune de Givors de réexaminer la demande de

M. Pelosato et de prendre une nouvelle décision dans le délai de deux mois à compter de la notification du présent jugement.

Compte rendu d'activité à la collectivité territoriale 2010 (CRACL VMC 2010)

3.   Considérant qu'il n'est pas contesté que le conseil municipal de la commune de Givors, organe délibérant du concédant, ne s'est pas prononcé sur le tableau des acquisitions et cessions immobilières prévu par les dispositions précitées de l'article L. 300-5 du code de l'urbanisme ; que si la commune fait valoir que le récapitulatif des acquisitions et cessions immobilières réalisées pendant la durée de l'exercice apparaît bien dans le compte-rendu « puisque sont évoquées les parcelles ayant fait l'objet d'un acquisition, celles commercialisées, en cours de commercialisation et non commercialisées », elle n'établit pas, par les pièces qu'elle produit, que les membres du conseil municipal ont bénéficié d'une information suffisante ; qu'une telle information ne figure notamment pas dans le tableau « Annexe 7: Registre des cessions en 2006 » qu'elle produit; que, par suite, M. Pelosato est fondé à soutenir que la délibération en litige a été adoptée en méconnaissance des dispositions de l'article L. 300-5 du code de l'urbanisme ;

4.   Considérant qu'il résulte de ce qui précède, et sans qu'il soit besoin d'examiner les autres .moyens de la requête, que M. Pelosato est fondé à demander

l'annulation de la délibération n° 13 du 13 octobre 2014 approuvant le compte-rendu annuel à la collectivité locale de la ZAC VMC au titre de l'année 2010;

DÉCIDE:

Article 1er : La délibération n° 13 du 13 octobre 2014 du conseil municipal de la commune de Givors est annulée.

Compte rendu d'activité à la collectivité territoriale 2013 (CRACL VMC 2013)

3. Considérant qu'il n'est pas contesté que le conseil municipal de Givors, organe délibérant du concédant, ne s'est pas prononcé sur le tableau des acquisitions et cessions immobilières prévu par les dispositions précitées de l'article L. 300-5 du code de l'urbanisme ; que si la commune fait valoir que le récapitulatif des acquisitions et cessions immobilières réalisées pendant la durée de l'exercice apparaît bien dans le compte-rendu, elle n'établit pas, par les pièces qu'elle produit, que les conseillers ont bénéficié d'une information suffisante; que, par suite, M. Pelosato est fondé à soutenir que la délibération en litige a été adoptée en méconnaissance des dispositions de l'article L. 300-5 du code de l'urbanisme;

4. Considérant qu'il résulte de ce qui précède, et sans qu'il soit besoin d'examiner les autres moyens de la requête, que M. Pelosato est fondé à demander l'annulation de la délibération n° 14 du 13 octobre

2014 approuvant le compte-rendu annuel à la collectivité locale de la ZAC VMC au titre de l'année 2013;
DÉCIDE:
Article 1er : La délibération n° 14 du 13 octobre 2014 du conseil municipal de la commune de Givors est annulée.

Autres saisines du tribunal administratif
 Au début du mandat 2008-2014, le maire avait refusé de communiquer aux élus du Défi givordin les factures des photocopieurs de la mairie. Les élus du Défi givordin, par la plume de Jean-Marc Bouffard, ont saisi le tribunal administratif, ce qui a contraint le maire à fournir ces pièces qui ont montré que le marché était conclu avec le fournisseur sur une base de coût exagéré, coût qui était, évidemment, budgétisé.

Au cours de ce mandat, Alain Pelosato, président de l'association de défense des contribuables de Givors, a demandé au maire de lui communiquer divers documents concernant la ZAC de VMC et la place de Bans. Devant le refus du maire de les communiquer, il a saisi le tribunal administratif qui a condamné le maire à fournir ces documents. Mais il manquait le certificat de conformité du LIDL. Alain Pelosato a donc demandé au TA une procédure juridictionnelle d'exécution du jugement. Dans son rendu de jugement, le TA a constaté que ce certificat de conformité n'existait pas contrairement aux allégations de M.

Passi qui affirmait dans ses mémoires communiqués au TA que ce certificat ne pouvait être communiqué parce qu'une affaire judiciaire était en cours. Ce qui sous-entendait l'existence de ce certificat. Le TA a néanmoins condamné M. Passi à communiquer la DAACT à l'association, déclaration qui remplace désormais le certificat de conformité, DAACT qui n'a toujours pas été signée par le maire ce qui empêche la commercialisation du centre commercial de Bans…

Enfin, en mars 2008, Alain Pelosato a déposé une protestation au tribunal administratif contre la liste de M. Passi qui s'était rendu coupable de nombreuses irrégularités lors de la campagne électorale des municipales.
Le tribunal administratif a reconnu ces irrégularités, mais étant donné que la liste Passi avait été élue au premier tour le TA n'a pas annulé les élections. A. Pelosato a également saisi le Conseil d'État qui a pris la même position.

Résumé rédigé initialement le 29 janvier 2015 et mis à jour le 15 juillet 2017 par Alain Pelosato

Je m'arrête à 2013. Mais d'autres requêtes ont été gagnées depuis. Je ne vais pas trop allonger cette partie et ne vous ferai part que de la dernière en date, celle de Michelle Palandre demandant l'annulation de la protection fonctionnelle de M. Passi pour son jugement en correctionnelle.

TRIBUNAL ADMINISTRATIF
REQUÊTE DE MICHELLE PALANDRE
CONTRE LA COMMUNE DE GIVORS
POUR ANNULER
LA PROTECTION FONCTIONNELLE
DE M. PASSI
SUITE À SA CONDAMNATION
PAR LE TRIBUNAL CORRECTIONNEL

Audience du 22 novembre 2018 :
le rapporteur public demande l'annulation de
la protection fonctionnelle de M. Passi !
Voir ci-dessus, fin du premier chapitre, le jugement issu de cette audience.

Le magistrat commence par faire référence aux « innombrables affaires de la commune de Givors »...
Il expose que Michelle Palandre, s'appuyant sur l'article 2123-34 du CGCT (1), est fondée de demander l'annulation de la délibération accordant la protection fonctionnelle à M. Passi.
En effet, poursuit le magistrat, **« M. Passi s'est rendu coupable d'une faute personnelle d'une particulière gravité détachable de ses fonctions. »** Il a répété à deux reprises les termes : « une faute personnelle d'une particulière gravité... » Et a ajouté : « M. Passi ne peut affirmer qu'il ignorait la loi. »
En conséquence, le magistrat demande au tribunal

administratif d'annuler la délibération No 34 du conseil municipal du 16 février 2017 qui accordait la protection fonctionnelle à M. Passi.

MICHELLE PALANDRE a ainsi montré sa pugnacité à défendre les intérêts des Givordines et des Givordins qui n'auront donc pas à assumer la charge financière des 20 000 euros des frais de justice de M. Passi. Car quand la commune paie, ce sont les Givordines et les Givordins qui paient !

Le Défi givordin
Givors, le 22 novembre 2018

(1)Cet article stipule (entre autres) que « La commune est tenue d'accorder sa protection au maire, à l'élu municipal le suppléant ou ayant reçu une délégation ou à l'un de ces élus ayant cessé ses fonctions lorsque celui-ci fait l'objet de poursuites pénales à l'occasion de faits qui n'ont pas le caractère de faute détachable de l'exercice de ses fonctions. »

Tableau de synthèse des actions au tribunal administratif

10 ANS D'ACTIONS AU TRIBUNAL ADMINISTRATIF Défi givordin et contribuables 2008-2018

	Dossier	Délibération	Jugement	Requérant
1	Lotissement des Bruyères	28-mai-08	0806695	JMB
2	Demande documents sur location photocopieurs	23-oct-08	0808137	JMB
3	Demande de documents marchés publics	11-août-09	0905008	JMB
4	Lotissement des Bruyères	01-oct-09	0807302	JMB
5	Lotissement des Bruyères	18-déc-12	1301126	JMB
6	CRACL 2010	03-oct-11	1107786	JMB
7	Construction CTM	01-oct-11	0907304	JMB
8	Cessions gratuites terrains hôpital	Année 2011	Désistée	MP
9	Cessions gratuites terrains hôpital	Année 2011	Désistée	MP
10	Cessions gratuites terrains hôpital	03-oct-11	1107555	MP
11	Cessions gratuites terrains hôpital	04-oct-11	1107804	MP
12	Cession Malura	03-oct-11	1107791	JMB
13	Garantie emprunt Givors Dév. TRI postal	29-sept-08	0808640	JMB
14	Demande d'exécution du jugement ci-dessus	2011	1204913	JMB
15	Modifications budgétaires	16-oct-12	207982	JMB
16	CRACL 2011	03-oct-11	1107786	JMB
17	Projet SCI Arc en ciel	18-déc-12	1301127	MP
18	Remboursement à Givors développement de 23 1 997€	18-déc-12		JMB
19	CRACL 2012	15-oct-13	1401102	JMB
20	Compte administratif 2013	30-juin-14	1406849	AP
21	Affetation des résultats	01-juil-14	1406850	AP
22	Modifications bugétaires	01-juil-14	1406851	AP
23	Refus communiquer liste bénéficaires CME	22-déc-14	1409570	AP
24	CRACL 2010	13-oct-14	1409572	AP
25	CRACL 2013	13-oct-14	1409569	AP
26	Hôpital coût du voyage en Chine	janv-18	1705568	AP
	Autres saisines du tribunal administratf			
27	Protestation irrégularités campagne Passi	2008	08011681	AP
28	Protestation irrégularités campagne Passi Conseil d'Etat	2009		AP
29	Refus de communiquer documents ZAC VMC	2010		AP
30	Refus de communiquer certificat conformité LIDL	2009	0900464	AP
31	Exécution jugement ci-dessus	2012	1201712	AP
	Requêtes non abouties			
1	Lotissement des Bruyères (transfert Pté voiries)	26-juin-10		MP
2	Annulation CME	30-juin-14	1406847	AP
3	Cession Malura 2	21-juin-12	1205531	MP
4	Protection fonctinnelle du maire	16-oct-12	1207979	JMB
5	Achat par commune d'un terrain Givors Dév.	16-oct-12	1207983	JMB
6	Remise gracieuse à régie de recette suite à fraude	30-janv-12	1202104	JMB
7	Achat par commune terrain Givors Dév. 2	16-oct-12	1301121	JMB
8	Garantie emprunt Givors Dév. TRI postal 2	16-oct-12	1207978	JMB
	Requêtes récentes			
1	Protection fonctionnelle du maire 1	07-févr-17	1701755	MP
2	Protection fonctionnelle du maire 2	05-févr-18	1802250	MP
3	Protection fonctionnelle du maire 3	16/07/2018	1805651	MP
	Reconnaissance de droits contribuables	16/07/2018	1805242	AP
	Cour administrative d'appel			
	Le maire a saisi la cour d'appel pour trois dossiers CRACL			
1	CRACL 2010	2017	17LY03299	AP
2	CRACL 2011	2017	17LY03270	JMB
3	CRACL 20103	2017	17LY03297	AP

46 requêtes 29 gagnées 6 désistées 8 perdues 3 en attente de jugement

JMB = Jean-Marc Bouffard   AP = Alain Pelosato   MP = Michelle Palandre

Gagnées : JMB=13 AP=12 MP=4   Perdues : JMB=5 MP=2 AP=1   Désistées JMB=2 MP=3 AP=1

En résumé :

Calendrier judiciaire de Passi depuis 2005

2005 : création de l'association de défense des contribuables de Givors par Jean-Marc Bouffard, Alain Pelosato, Roland Ville et Roger Reymond.

Nous avions eu connaissance de la vente par la mairie et par la société d'économie mixte de la ville de terrains à un promoteur qui a construit un immeuble dit « L'Orée du Rhône » dans lequel le maire (Passi) et un adjoint acquièrent un appartement.

Les prix accordés au promoteur sont bien en dessous du prix des domaines et c'est la mairie qui prend en charge la démolition de l'immeuble vétuste qui s'y trouve...

Le 13 juin 2006, nous portons plainte auprès du Procureur par l'intermédiaire de notre avocat.

Le procureur avait déjà été saisi par le service de prévention de la corruption que nous avions prévenu.

L'enquête préliminaire est ouverte en juin 2006. Nous sommes entendus par l'enquêteur.

Le 6 mars 2007 le commandant Patrick Vassaux conclut son enquête par ces mots : « *Au terme de nos investigations, il apparaît que deux élus ont pris un intérêt privé dans une opération (l'Orée du Rhône) dont ils avaient, au moment de l'acte, la charge* *d'assurer l'administration ou la surveillance. Il pour-rait donc être à l'encontre de Martial PASSI, Maire de Givors, et de Christian Reale, Conseiller municipal, **une prise illégale d'intérêts**, fait prévu et réprimé par l'article 432-12 du Code pénal. »*

Curieusement nous ne sommes pas prévenus de cette conclusion ni de celle du procureur qui a classé l'affaire ! Nous l'apprenons par la presse en début d'année 2008, en pleine campagne électorale.

En tant que président de l'association des contri-buables ayant pris la succession de JM Bouffard, j'ai protesté auprès du procureur général, qui m'a ren-voyé dans mes foyers de manière à peine polie…

En 2012, Jean-Marc Bouffard, élu du défi givordin depuis 2008 dépose plainte auprès du procureur pour de graves anomalies dans la gestion des carbu-rants au centre technique municipal. Une enquête judiciaire est ouverte et Jean-Marc est entendu. Le procureur classe l'affaire !

Tout au long du mandat, Jean-Marc Bouffard ne cesse de prévenir la chambre régionale des comptes de nombreuses malversations dans la gestion finan-cière de M. Passi, y compris l'affaire de la gestion des carburants.

Tout au long du mandat 2008-2014 et au début du mandat 2014-2020, Jean-Marc Bouffard, Alain Pelo-sato et Michelle Palandre ont fait annuler 23 déci-sions du conseil municipal par le tribunal administra-tif.

Le 25 février 2015, Alain Pelosato, président de l'association des contribuables de Givors dépose une lettre-plainte auprès du procureur de la République, du doyen des juges d'instruction et du SCPC (prévention de la corruption). Le procureur ouvre une enquête préliminaire le 30 avril 2015.

Le 16 juin 2017 Passi passe en correctionnelle. Nous sommes présents dans la salle, Alain Pelosato siège au sein du tribunal comme demandeur de partie civile au nom de l'association des contribuables. Aucun élu de la majorité n'est présent. Il semblerait que Passi (et sa sœur également prévenue) ne les aient pas prévenus !

Le 6 juillet 2017 M. Passi et sa soeur Mme Goux sont lourdement condamnés.[1]

21 août 2017, la chambre régionale des comptes communique à M. Passi son rapport définitif sur la gestion financière de ce dernier. **Ce rapport est accablant.**

Juste avant de démissionner de son poste de maire, M. Passi répond à la CRC par un courrier daté du 13 septembre, mais réceptionné par la CRC le 21 septembre 2017. Il est à noter que ce rapport définitif était en possession de l'ancien maire et de la nouvelle maire lors des séances du conseil municipal consacrées à l'élection du maire et des adjoints. Ces

---

[1] M. PASSI : 6 mois de prison avec sursis, 10 000 euros d'amende, 3 ans d'inéligibilité

M. Goux : 4 mois de prison avec sursis, 5 000 euros d'amende, 18 mois d'interdiction de fonction publique applicable de suite, même s'il y a appel.

derniers étaient-ils au courant de l'existence de ce rapport ?

Mme Charnay a attendu 5 jours avant le conseil municipal du 30 novembre 2017 pour communiquer au conseil municipal ce rapport. Les conseillers d'opposition n'ont eu que 5 jours pour étudier ce lourd rapport et préparer leurs interventions…

À SUIVRE !…..

Une brève histoire du communisme

Le communisme est une utopie qui a toujours existé. L'aspiration à la mise en commun des biens produits par les hommes est, a priori, une noble aspiration.

La question est de savoir comment s'y prendre.

Alors, si on ne se fait aucune illusion sur la nature humaine, on pense que ça ne peut pas marcher, car il y aura toujours un « mâle dominant » qui s'appropriera femmes et biens...

Donc, inéluctablement, pour réussir, il faudra l'imposer par la force. Mais celui ou ceux qui auront la force de le faire finiront également par détourner les choses à leur profit.

C'est l'histoire sanglante du communisme du vingtième siècle dont les historiens sont en train de comptabiliser les victimes. Ils en sont à cent millions de morts.

Le communisme politique tel que l'a connu le vingtième siècle est né au milieu du dix-neuvième siècle.

En fait, c'est la théorie économique de la valeur, qui a fait l'objet d'une polémique célèbre entre Marx et Proudhon (voir le livre de Marx : « Misère de la philosophie » (1847) en réponse à celui de Proudhon : « Philosophie de la misère » (1846).

Marx a développé ses théories économiques de la valeur dans son livre (inachevé) « Le Capital » (première édition en 1867) dans lequel il a, notamment, exposé ses théories sur la plus-value.

Pour résumer, il explique que le travailleur produit des marchandises et reçoit en retour un salaire. Ce salaire sert à reconstituer sa force de travail. La caractéristique humaine est que le travailleur peut produire beaucoup plus de richesses que ce qu'il lui faut pour reconstituer sa force de travail. La différence c'est la fameuse plus-value.

Exposé comme cela, c'est profondément injuste. Le propriétaire des moyens de production s'enrichirait donc au détriment du travailleur.

Pourtant l'histoire contemporaine de Marx a montré que ce n'était pas si simple.

On peut le voir avec les révoltes des Canuts à Lyon qui se sont produites de 1831 à 1849. Ces Canuts étaient propriétaires de leurs métiers à tisser et avaient parfois un ou plusieurs « compagnons », des ouvriers qui travaillaient pour eux. Ils se sont révoltés contre leurs donneurs d'ordres, qui étaient des marchands, et non pas des propriétaires de moyens de production.

C'était le même système que dans l'agriculture, où le paysan producteur (et propriétaire de ses moyens de production, pas toujours, car il y a les fermiers et métayers...) est plus ou moins prisonnier des maquignons et autres commerçants des produits agricoles.

Ensuite, Marx dresse un historique de la production des biens matériels.

Le dix-neuvième siècle fut le siècle de l'essor de l'industrialisation. Marx explique que cette industrialisation est possible grâce à ce qu'il appelle « l'accumulation primitive ».

Cette accumulation est basée sur la colonisation (constitution d'un empire colonial), les expropriations des nobles lors de la Révolution française et la révolution agricole (mécanisation)

On voit bien, en arrière-plan de ces analyses économiques, qui ne sont pas fausses, mais quand même très sectaires, il y a une condamnation morale. C'est sur cet arrière-plan « moral » que va se constituer une idéologie quasiment religieuse qui prend pour prétexte la conquête d'une justice sociale nécessaire (surtout au dix-neuvième siècle).

C'est ce sentiment d'être dans son droit, de défendre les classes opprimées qui va permettre tous les excès et un aboutissement contraire aux aspirations de départ.

Ce n'est pas un dévoiement, comme les communistes tentent de le faire croire aujourd'hui, mais bien l'issue de ce qui constitue même le fondement du communisme.

Cette hypothèse que j'avance ici, je ne pourrai pas l'étayer suffisamment sur le plan théorique, mais j'ai tenté de le faire à partir de ma propre expérience personnelle, dans mon livre *Communisme, je m'en suis sorti*…

Mais poursuivons avec un petit historique du communisme de la fin du dix-huitième siècle jusqu'à la fin du vingtième siècle...

Dès 1864, le monde ouvrier tente de s'organiser : c'est la constitution de la première internationale ouvrière par Bakounine et Marx. Déjà, ce rassemblement qui se justifie pleinement est dévoyé par des luttes idéologiques internes, qui prennent parfois des allures de théologies...

Ces problèmes, Engels (le compagnon de luette et de recherches théoriques de Marx) tente de les résoudre en constituant la deuxième internationale en 1889...

Enfin, intervient la révolution russe bolchevique de 1917.

Rappelons que déjà cette révolution a été facilitée par l'Allemagne du Kaiser qui a facilité le retour de Lénine en Russie, sachant que si ce dernier pouvait prendre le pouvoir, il ferait la paix avec l'Allemagne, ce qui libérerait les troupes du Kaiser du front de l'est. Ce que d'ailleurs Lénine a fait en signant la honteuse paix de Brest-Litovsk le 3 mars 1918.

Lénine a exacerbé ce côté « religieux » du communisme. Il a expliqué, comme je le disais plus haut, que seule la violence pouvait donner le pouvoir aux ouvriers et paysans. Il suffit de lire ses deux ouvrages constitutifs du mouvement communiste du vingtième siècle.

« Que faire ? » qui traite de l'organisation d'un parti à la fois clandestin et avec une façade légale, mais dirigé par des « révolutionnaires professionnels », ce que j'ai appelé « l'appareil » dans mon livre qui porte ce nom.

« L'État et la révolution », qui expose la stratégie de conquête du pouvoir.

Sur le plan « philosophique », il faut lire l'incroyable livre manichéen, extraordinairement sectaire « Matérialisme et empiriocriticisme », dans lequel Lénine descend en flèche un des plus grands savants de l'histoire humaine, Ernst Mach, qui a donné son nom à l'unité de mesure de la vitesse du son. Heureusement que Lénine est mort, sinon le ridicule l'aurait tué.

En Russie, Lénine ayant pris le pouvoir déclencha la guerre civile (comme il l'avait préconisé dans ses « œuvres ») et élimina les autres tendances du mouvement ouvrier russe. Cette élimination ne fut pas seulement politique, mais physique et fut poursuivie après sa mort par Staline qui élimina les trois quarts du comité central du Parti communiste russe (puis de l'URSS) et fit des millions de morts par la famine (en Ukraine en 1933 par exemple), l'exécution pure et simple et la déportation massive. Sur le plan de l'horreur, sa politique était comparable à celle d'Hitler. Et il faisait ça au nom de la classe ouvrière...

Ce fut la guerre de 14-18 qui facilita cette prise du pouvoir de Lénine.

Le communisme du vingtième siècle est donc né de la Première Guerre mondiale et sera encore renforcé par la deuxième, bien que pour cette dernière, il n'a pas joué le rôle aussi glorieux que l'historiographie officielle du communisme l'a toujours fait croire (et certains le croient encore maintenant !)

La fin de cette longue et terrible guerre fut marquée par la révolution de novembre 1918 en Allemagne et des insurrections ouvrières dans d'autres pays jusqu'en 1923. Ces insurrections ont toutes échoué. En Allemagne, à Berlin, on appela cette révolte la révolution spartakiste qui vit l'assassinat de Rosa Luxemburg en janvier 1919. Cette répression fut l'œuvre d'un gouvernement social-démocrate.

Mais revenons aux débuts de la révolution russe.

Après la destitution du Tsar par un mouvement populaire en début de l'année 1917 (cette révolution avait eu sa répétions générale en 1905, durement réprimée par le Tsar) il s'installa dans ce pays arriéré un double pouvoir : celui du gouvernement démocratique et celui des soviets.

Lénine revenu en Russie grâce au pouvoir « impérialiste » allemand lança son mot d'ordre : tout le pouvoir aux soviets...

Sous couvert de ce mot d'ordre, les bolcheviques (la tendance « communiste » du parti social-démocrate de Russie, la tendance « socialiste » étant représentée par les Mencheviks) réalisèrent tout simplement un coup d'État en octobre 1917. Ce coup d'État fut romancé par le mouvement communiste, mais ce ne fut qu'un coup d'État, suivi par une sanglante guerre civile. Lire le roman de Boris Pasternak : « Le Docteur Jivago ».

Une fois installé au pouvoir, après avoir éliminé tous les autres courants du mouvement ouvrier en Russie, Lénine mit en œuvre la même stratégie pour le mouvement communiste international. Il créa la troisième internationale ouvrière, l'internationale communiste et dressa une liste de 21 conditions pour tout parti voulant y adhérer.

En France, c'est en 1920 que la SFIO (Section française de l'internationale ouvrière) se réunit en congrès pour décider si elle adhérait à l'internationale communiste. Une majorité de délégués le décidèrent et donc ce fut la création du parti communiste français, section française de l'internationale communiste. Désormais, jusqu'en 1989, date de la chute du mur de Berlin, le parti communiste français sera aux ordres de Moscou. C'est aujourd'hui prouvé grâce à l'accès aux archives de Moscou après la chute du communisme.

L'internationale communiste élimina en 1931 ce qu'ils appelaient le « groupe Barbé et Célor » et mit en place Maurice Thorez comme secrétaire général du parti communiste français. Thorez faisait partie, avec Barbé et Célor, de la direction collégiale de quatre membres. Il fit passer Célor pour un espion au service de la police pour l'éliminer.

L'internationale communiste organisa les brigades internationales pendant la guerre civile en Espagne d'où Franco sortit vainqueur et resta au pouvoir jusqu'à sa mort.

En URSS, après la guerre civile qui répandit mort, terreur et famine, Staline continua son processus d'élimination des concurrents et d'épuration du parti communiste. L'épiphénomène de cette purge qui élimina la moitié du comité central ce fut les procès de Moscou qui se déroulèrent de 1933 à 1938. Ces procès succédèrent à la collectivisation forcée, au massacre et à la déportation des « koulaks », ces propriétaires terriens à qui on a enlevé leurs terres pour les collectiviser. Non content de les spolier on les a massacrés et déportés. Le massacre des koulaks se poursuivit jusqu'en 1937.

Le 29 octobre 1922 le roi d'Italie nomme Alberto Mussolini Premier ministre. Ce dernier instaure la dictature en 1925 après l'assassinat du député socialiste Giacomo Mateotti. C'est le début du régime fasciste.

Le 30 janvier 1933, Adolf Hitler est nommé chancelier de la République de Weimar. Le 27 février l'énigmatique incendie du Reichstag sert de prétexte à Hitler pour interdire les partis et faire arrêter les députés communistes. Son parti remporte les élections du 5 mars 1933. Le premier camp de concentration est ouvert le 20 mars à Dachau. C'est le début du régime nazi.

En Allemagne les communistes n'avaient pas vraiment combattu Hitler, ils s'étaient surtout attaqués à la social-démocratie, suivant ainsi les directives de l'internationale communiste.

En France, en 1936, c'est le Front populaire. La gauche arrive au pouvoir. Les communistes ne participent pas au gouvernement qu'ils soutiennent. Le Front populaire maintient une neutralité vis-à-vis de la guerre civile en Espagne.

Le 29 septembre 1938, les accords de Munich sont signés entre la France, l'Allemagne, l'Angleterre et l'Italie. Ces accords ouvrent la voie au dépeçage de la Tchécoslovaquie et ouvrent la route des nazis sur le front de l'Est.

Ces derniers signent avec l'URSS un pacte d'amitié, pacte nommé « pacte germano-soviétique » le 23 août 1939, dont les conséquences seront incroyablement terribles pour la Pologne et les pays baltes. Ce pacte assure une sécurité à l'est pour l'Allemagne nazie qui va pouvoir concentrer ses forces à l'ouest. Les protocoles secrets qui accompagnent ce pacte scellent une alliance et des échanges entre les deux services secrets pour délimiter les sphères d'influence des deux pays à l'est de l'Allemagne. La Gestapo s'engageait aussi à livrer au NKVD (service secret soviétique) les réfugiés russes présents sur le territoire allemand et réclamés par l'URSS, en échange de quoi l'URSS livrait à l'Allemagne de nombreux réfugiés antifascistes allemands et autrichiens réfugiés en Union soviétique. En ce qui concerne la Pologne partagée en deux, le pacte précise : « Aucune des deux parties ne tolérera sur son territoire d'agitation polonaise quelconque qui menacerait le territoire de l'autre partie. Chacune écrasera sur son propre territoire tout embryon d'une telle agitation, et les deux s'informeront mutuellement de tous les moyens adéquats pouvant être utilisés à cette fin. »

Sous l'ordre de Staline, l'internationale communiste lança alors son « analyse » de la guerre en la qualifiant de guerre impérialiste. Suite à ce pacte, le parti communiste fut interdit en France, Maurice Thorez déserta (il était soldat) et se fit transporter à Moscou où il vivra tout le temps de la guerre.

Ainsi le PC en tant que tel ne déclencha la résistance qu'après l'attaque de l'URSS par les nazis le 22 juin 1941.

D'ailleurs quand les nazis occupèrent la France, le parti communiste français demanda aux autorités d'occupation d'autoriser la parution du journal communiste l'Humanité, tellement ils croyaient à cette alliance entre les nazis et les bolcheviques.

Ce fait fut toujours nié par le PCF, mais est désormais prouvé grâce aux archives de Moscou ouvertes après la chute de l'URSS...

Après 1941, le parti communiste organisa la résistance en créant les FTP (Francs-tireurs et partisans) et le Front national (une organisation cryptocommuniste qui regroupait aussi des non-communistes, sur laquelle furent calqués plus tard les différents Fronts de libération des pays colonisés...) Il joua un rôle important en liaison avec les services secrets de l'Armée rouge, ce qui est parfaitement relaté dans le magnifique livre de Guillaume bourgeois *La véritable histoire de l'Orchestre rouge*. L'orchestre rouge désignait l'organisation clandestine de renseignement de l'armée rouge en zones occupées, dont le dirigeant, de nationalité polonaise fut arrêté à la libération et emprisonné par les Soviétiques. Eh oui voilà comment les communistes remerciaient ceux qui avaient risqué leur vie pour la cause : par la déportation en Sibérie !

À la libération, les communistes se présentèrent comme le « parti des fusillés » comme si seulement des communistes furent fusillés.

Les accords de Yalta tracèrent les frontières du rideau de fer et les Soviétiques imposèrent leur régime à l'Europe de l'Est et à une partie de l'Asie jusqu'au 30 avril 1975, date de la défaite du Vietnam du Sud contre le Nord communiste. Cette victoire a vu également la prise du pouvoir par les Khmers rouges au Cambodge, les communistes qui vidèrent la capitale de tous ses habitants, massacrèrent la moitié du peuple Khmer et éliminèrent en priorité les intellectuels. Il n'était pas bon de porter des lunettes ou d'avoir les mains blanches... La guerre d'Indochine commença le jour de ma naissance, le 19 décembre 1946 par le bombardement de Haiphong. À la fin de la guerre, en 1945, le démantèlement de l'administration coloniale française par l'envahisseur japonais, suivi par la défaite de ce dernier, avait laissé un vide immédiatement occupé par le parti communiste vietnamien.

Entre temps il y avait eu la révolution chinoise (1949), la guerre de Corée (1950-1953) qui n'a vu la victoire de personne puisque la Corée en sortit coupée en deux avec une abominable dictature communiste au nord, et aussi la révolution cubaine (1960).

Puis ce fut le reflux du communisme. Le régime soviétique entama sa longue agonie avec la mort de Staline en 1953, suivie, début 1956, par le XXe congrès du Parti communiste de l'Union soviétique (PCUS) et le fameux rapport secret de Kroutchev. On attribue souvent à ce rapport la dénonciation des crimes de Staline. En fait, il était difficile à Kroutchev de le faire y ayant lui-même participé activement. Dans ce rapport il ne dénonça que les assassinats des dirigeants communistes par Staline qui avait massacré les 2/3 du comité central du parti. Il n'y avait jamais été question des massacres des Koulaks, de la famine en Ukraine, des déportations massives en Sibérie et des crimes de l'armée rouge au début de la Deuxième Guerre mondiale, notamment en Pologne et dans les pays baltes. Et de bien d'autres crimes encore.

Les dirigeants du parti communiste français ont assisté à ce congrès du PCUS.

Ils ont été déstabilisés par ce rapport secret et, à leur retour en France, ils avaient nié son existence lorsque le journal Le Monde l'avait publié. Thorez, Duclos et les autres parlaient du « prétendu » rapport secret de Kroutchev...

Après la guerre, il y eut plusieurs révoltes ouvrières dans les pays communistes de l'est de l'Europe, en RDA, en Pologne, en Tchécoslovaquie, en Hongrie. Ce n'est pas le lieu ici de détailler ces révoltes qui ont été réprimées dans le sang ;

Mais en Pologne, les opposants ont réussi à obliger le régime communiste à organiser des élections partiellement libres, puisqu'une partie du parlement était composé d'élus de la nation et non pas de personnages désignés par le parti... Et le syndicat libre Solidarité emporta la totalité de ces sièges d'élus ! Le syndicat Solidarité a été reconnu à contrecœur par les autorités communistes en 1980.

Je me souviens d'un congrès du PCF où j'étais délégué (ce devait être dans les années 1980, en pleine révolution ouvrière anticommuniste en Pologne) une délégation du POUP (Parti ouvrier unifié polonais, le parti communiste) était présente. Et les dirigeants du PCF l'ont fait applaudir debout par tout le congrès. Je fus le seul à rester assis en me croisant les bras...

Puis est arrivé Gorbatchev à la tête du PCUS. Il faisait partie de ces cadres du parti qui voulaient préserver le communisme agonisant en mettant en place un « communisme démocratique ». Mais le communisme ne souffre pas la démocratie, quand il y a démocratie, il n'y a plus de communisme. Et on sait ce qu'il advint en 1989 : la chute du mur de Berlin, les premières élections totalement libres en Pologne, la chute du dictateur Ceaucescu en Roumaine (hélas remplacé par des crypto communistes...)...

La mort du communisme en Russie fut précédée par l'action désespérée de quelques putschistes qui enlevèrent Gorbatchev et décrétèrent la loi martiale. Mais ce fut peine perdue. La roue de l'histoire ne pouvait pas être arrêtée. Boris Eltsine dissout l'URSS et interdit le PCUS...

Une partie des dirigeants des partis communistes de ces pays n'avaient de communiste que le nom. On connaît ça à Givors. Ils profitèrent de ces changements pour s'accaparer les richesses de ces pays dans le cadre des privatisations. Notamment les directeurs d'entreprises étaient dans une position favorable pour s'approprier à bon marché les usines qu'ils dirigeaient.

Le communisme est très long à purger. Les nouveaux dirigeants ont, pour la plupart, refusé d'organiser une véritable mise à plat des crimes des régimes communistes. À Moscou, les archives furent ouvertes pendant un court laps de temps avant d'être refermées. Mais ce laps de temps a été mis à profit par les historiens pour approfondir leur connaissance des régimes communistes.

Notamment, de définir de combien de morts ces régimes ont-ils été responsables, par les tueries, les massacres, les famines, les déportations, les enfermements, etc.

Aujourd'hui, les historiens chiffrent à 100 millions de morts les victimes du communisme dans le monde. Le communisme a dépassé les records du nazisme dans ce domaine...

Que s'est-il passé en France à partir de 1989 ?

Extrait de mon livre *L'Appareil*[2]*,* dans lequel je raconte mon expérience de militant communiste que je ne suis plus depuis 2001.

1988 : le fond du gouffre

Passées les élections législatives de 1986 qui virent la victoire de la droite, nous attaquâmes la campagne des présidentielles de 1988. Elle commença dès le lendemain des législatives, moment assez ubuesque, car le P.S. donnait l'impression d'être heureux de la défaite. En effet, cette dernière amorçait une nouveauté politique et institutionnelle : la cohabitation entre le président de la République François Mitterrand et le Premier ministre Jacques Chirac. J'ai toujours eu de l'admiration[3] pour ce dernier, non pas sur le plan politique, mais sur le plan personnel. Voilà un homme qui a toujours assumé sa politique et ses origines, contrairement à son rival socialiste... Cette cohabitation, dans l'esprit politicien socialiste, devait assurer la réélection de Mitterrand en 1988. En 1987,

---

[2] Éditions Naturellement - 2000

[3] J'ai aussi changé d'avis aujourd'hui sur ce point...

l'annonce à la télévision de sa candidature, lèvre inférieure excessivement retroussée, n'étonna personne. Pour notre part, nous devions consulter les adhérents sur la candidature communiste. Le comité central avait déjà choisi : c'était André Lajoinie. Georges Marchais, qui devait être notre candidat naturel avait déserté, sans doute effrayé par la difficulté... Encore une période où nous perdîmes beaucoup d'adhérents. L'un d'eux me le reprocha en me disant que je proposais[4] la discussion sur la candidature communiste alors que les affiches étaient déjà tirées. Ce très bon ami a fini par reprendre sa carte dix ans plus tard... Je m'investissais déjà moins dans les campagnes électorales. Néanmoins je fus atterré comme les autres par le résultat qui arrivait à peine à dépasser les 6 %... En dix années, l'influence électorale du parti communiste était passée de 20 % à un peu plus de 6 % ! Dans aucun parti démocratique, une direction politique présentant un bilan aussi catastrophique ne peut rester en place. Même si, hélas, la possibilité de rester existe, elle doit démissionner ! C'est plus sain. Pas au P.C.F. Les dirigeants sont quasiment restés les mêmes. Inamovibles. D'ailleurs juste avant de quitter le poste de secrétaire général du parti, Georges Marchais a bien pris la précaution de faire « monter » les hommes de son clan. Ce fut le cas de Jean-Paul Magnon, qui participa avec Georges

---

[4] J'étais alors secrétaire de la cellule Maurice Thorez... Toujours prêt à faire fonctionner le parti, le vrai, pas celui de « l'appareil ».

Marchais à la délégation du parti qui se rendit à Moscou en 1980. Nous, pauvres adhérents, cadres moyens, les sous-officiers de l'armée communiste, étions restés dans l'ignorance totale des projets de « promotion des cadres[5] ». Nous apprîmes en lisant l'Huma après le congrès que Jean-Paul Magnon était secrétaire du comité central ! Il nous fallut ensuite élire un nouveau secrétaire au comité fédéral, alors que la conférence fédérale[6] était terminée depuis longtemps. Incroyable non ? D'ailleurs, au congrès suivant, l'opération se reproduisit avec... le nouveau secrétaire fédéral, Roland Jacquet, qui fut « promu » trésorier national du parti ! Quelle joie dans les yeux de ces camarades, dont la promotion dans le parti est aussi vécue comme une exceptionnelle promotion sociale. L'avis des adhérents dans tout cela ? Pas consultés, pas informés officiellement... Franchement, « l'appareil » se croyait encore tout permis. N'avait-il pas conscience de la situation nouvelle dans laquelle se trouvait le parti ? Quelques mois plus tard, en automne 1989, le mur de Berlin fut franchi par des Allemands de l'est et de l'ouest heureux, et à Noël le dictateur Ceaucescu et secrétaire général du parti communiste roumain était exécuté.

---

[5] Terme officiel de « l'appareil » pour « l'élection » des dirigeants.

[6] La conférence fédérale est en quelque sorte le congrès départemental du P.C.F. À la fin de la conférence fédérale, nous avions réuni le comité fédéral qui avait élu Jean-Paul Magnon secrétaire de la fédération. Il ne fait aucun doute que ce dernier n'ignorait pas la promotion dont il ferait l'objet à la fin du congrès.

Quelle période difficile pour nous les communistes de base. Laurent Fabius osa même utiliser le terme de « pathétique » au sujet des communistes. Il n'avait sûrement pas tort. Roland Jacquet eut cette formule malheureuse au comité fédéral, parlant des communistes des pays de l'Est en pleine déconfiture : « Les camarades maîtrisent la situation. »

Les événements qui me mirent le plus mal à l'aise furent ceux de Roumanie. La présence d'une délégation du P.C.F. au congrès du parti communiste roumain qui se déroula quelques semaines avant les événements n'était pas fortuite. Les relations entre les deux partis étaient faites d'avantages mutuels : sur le plan politique, le P.C. roumain pouvait entretenir de bonnes relations avec la France et sur le plan matériel le P.C.F. tirait des avantages des relations entre les municipalités et les organismes de vacances roumains au bord de la mer Noire. Alors ce fut difficile pour « l'appareil » de nier ces liens, et de nier la présence d'une délégation de « l'appareil » français au congrès du parti communiste roumain. Qu'avions-nous comme argument pour nous raccrocher : le fait indéniable que les chefs d'État occidentaux avaient toujours eu de bonnes relations avec Ceaucescu qui avait fait preuve d'indépendance vis-à-vis de l'U.R.S.S., et... la position du P.C.F. qui condamna l'intervention soviétique en Tchécoslovaquie en 1968 (!) — je rappelle que si le bureau politique a condamné sans ambiguïté cette invasion d'un pays par les armées du pacte de Varsovie, il a soutenu ensuite la « normalisation » dirigée par le parti communiste tchèque... De bien maigres consolations pour les électeurs. Enfin, notre présence au congrès communiste roumain était rendue nécessaire, disait-on, pour y affirmer nos désaccords. Le même argument qui fut employé vis-à-vis du P.C.U.S. (parti communiste de l'Union soviétique) lors de la visite de Georges Marchais (et Jean-Paul Magnon) à Moscou en 1980, juste après l'intervention soviétique en Afghanistan.

Les élections municipales de 1989 furent une heureuse surprise : nous réalisions de bons scores dans nos municipalités et perdîmes peu de mairies. Nous bénéficiâmes alors de l'effet « présidentiel », car, cette fois, alors que Mitterrand était moins à gauche que jamais, le comité central du P.C.F. avait appelé à voter pour lui sans ambiguïté. Cette position fut bénéfique aux résultats électoraux des cantonales de septembre et des municipales de 1989. Évidemment, il n'en fut pas de même aux élections européennes de juin : le score du P.C.F. resta irrémédiablement à l'étiage. Pour expliquer ce score misérable (en dessous de 7 %) le comité central met en avant la difficulté de ces élections pour le P.C.F.. Quel mauvais argument ! On ne peut pas à la fois exiger la proportionnelle et dire qu'on est défavorisé lors de la seule élection qui fonctionne sur ce mode !

1993 : on y reste

Après 1989, les Français connurent une longue période de calme électoral ; les élections cantonales de 1992 ne montrèrent pas de modification particulière dans le rapport des forces, puis vinrent les élections législatives de 1993. Elles virent le retour au pouvoir de la droite et une nouvelle période de cohabitation jusqu'en 1995, date de l'élection de Jacques Chirac à la présidence de la république. Ce dernier ne dissout pas l'assemblée. Il attendit pour cela l'année 1997.

Le front national était devenu puissant. Sa présence au scrutin législatif avec le mode de scrutin uninominal à deux tours gênait considérablement la droite. Il améliora encore son score et contribua à la défaite de la droite et à la victoire de la gauche plurielle. Ces élections donnèrent lieu à des accords entre les partis de la gauche plurielle : là où le front national risquait de prendre la tête, on définissait une candidature unique de la gauche dès le premier tour. Je ne suis pas du tout d'accord avec cette tactique qui consiste à supprimer le pluralisme sous un prétexte certes valable, mais qui reste un prétexte. Il en a été de même avec les élections régionales pour lesquelles la gauche plurielle a présenté des listes communes. À quoi donc a servi la proportionnelle ? D'autant plus que le résultat en sièges ne confirma pas du tout l'intérêt d'une telle stratégie. Bien que les statuts du P.C.F. étaient changés, le « centralisme démocratique » supprimé, je n'aperçus pas le moindre signe de sa disparition dans les faits, et, comme toujours, les décisions du comité national[7] ne pouvaient être que les bonnes. On était encore loin, très loin, de « la souveraineté de l'adhérent »....

1997 : ça recommence !

La gauche « plurielle » est victorieuse aux élections législatives ; une nouvelle cohabitation commence. Lionel Jospin en profite. La cohabitation a toujours profité au parti socialiste. Cette règle se confirme une fois de plus. Deux ministres communistes et un secrétaire d'État sont au gouvernement.

Robert Hue, nouveau secrétaire national du P.C.F. essaie de sauver « l'appareil ». Au lieu de comprendre la formule du film « Le Guépard » : « Il faut que ça change pour que tout reste pareil[8] », la « structure[9] » résiste ! Nostalgie du passé ? Peur de perdre le pouvoir ? Je ne sais pas...

Néanmoins, Robert Hue espère sûrement que cette situation nouvelle va être profitable au parti. Ce dernier est exsangue. Il ne reste que peu de chair autour du squelette constitué de « l'appareil ». Aussi, il a fallu chercher ailleurs des candidats pour constituer la liste des Européennes de 1999. Cette liste était à l'image du parti : des dirigeants et des « sympathi-

---

[7] Nouveau nom de l'ancien comité central

[8] Je cite de mémoire cet extrait des dialogues du superbe film politique de Luchino Visconti.

[9] C'est le nouveau terme utilisé par le comité national du P.C.F. pour désigner ce que moi j'appelle « l'appareil ».

sants » plus ou moins proches. Des adhérents : point ! Le résultat escompté ne vit jamais le jour : le score de 6,7 % de la liste Robert Hue était plus lamentable que jamais ![10]

L'année 1999 est aussi l'année de préparation du trentième congrès du P.C.F qui doit avoir lieu en l'année 2000. J'ai suivi avec beaucoup d'intérêt sa préparation. Depuis le vingt-huitième congrès, j'ai pris mes distances. Lors de ce dernier congrès[11], au cours de ma conférence de section[12], je proposai une vingtaine d'amendements. À chacune de mes propositions — j'étais placé au fond de la salle —, je vis Camille Vallin, ce vieux bolchevique assis au premier rang, lever la main et prendre la parole le premier pour réfuter ma proposition, avec, souvent, un geste de mépris de la main. L'ensemble des délégués pré-

---

[10] Si j'étais méchant, je dirais que la liste « Bouge l'Europe ! » comprenant la moitié seulement de communistes, le P.C.F. ne réalise alors que la moitié du score, soit 3,35 %...

[11] Congrès qui fut chargé de modifier les statuts et de « supprimer le centralisme démocratique ».

[12] La « conférence de section » est le congrès des cellules regroupées dans une section. Ce sont les cellules existant dans une zone géographique donnée. Ma section regroupe aujourd'hui quatre cantons. Aux temps héroïques de la puissance organisationnelle du P.C.F. le nombre de sections était plus élevé. À cette époque la tendance était à la séparation, la création de cellules nouvelles. Quelque temps après (début des années quatre-vingt) « l'appareil » imposa la tendance contraire : face à la peau de chagrin de l'organisation, il fallut regrouper. Ces territoires sont donc fluctuants en fonction de l'état de l'organisation.

sents, trop habitués à servir « l'appareil », se précipitèrent pour suivre son représentant et repousser tous mes amendements. C'est d'autant plus navrant que nombre de mes propositions repoussées seront appliquées par le comité national pour la préparation du trentième congrès. Au soir de cette conférence, un adhérent me dit :

« Ah ! On a eu une très bonne conférence de section !

— Tu trouves ? Lui répondis-je. Vous avez passé le week-end entier à dire non à tout ce qui était (même légèrement) différent de ce qu'a proposé la direction nationale... »

Ce jeune gars resta sans voix et étonné. Au parti, systématiquement, il est de bon ton de dire que tout ce qui est fait est bon. Il est très mal vu de dire que nous avons échoué, ou que nous n'avons pas atteint nos objectifs, etc. D'ailleurs les directions fixent toujours des objectifs si ambitieux qu'ils ne sont jamais atteints. C'est une déformation soviétique bien connue, car en U.R.S.S., le parti communiste fixait toujours des objectifs faramineux sur le plan de la production. On se félicitait toujours des objectifs audacieux, mais jamais des mauvais résultats. Il en était de même chez nous !

Ce fut ce soir-là que j'appris la mort de mon ami Raymond Roux. Cette mort m'affecta personnellement, car j'adorais cet homme. Ce décès fut comme un symbole, celui de la mort de ce militantisme ouvrier, authentique, expérience dure qui nourrissait

« l'appareil » d'une richesse humaine que ce dernier ne pouvait comprendre, ses membres étant coupés depuis leur plus jeune âge du monde du travail. Deux autres décès me firent le même effet : celui de Roger Gaudin, qui eut lieu quelques années auparavant et celui de Muguette. Je tiens ici à leur rendre un hommage plein d'émotions. Leur souvenir reste éternel dans mon cœur.

Je ne quittai pas le parti pour autant, mais me revint en mémoire une discussion amicale que j'avais eue avec Yves Fournel lorsqu'il avait quitté le comité fédéral :

« Faut pas partir Yves ! Et qui va maintenant apporter une vision différente ? Plus personne.

— Tu comprends, j'en ai assez de ne jamais, systématiquement jamais, être entendu. À quoi je sers ici ?

— Mais il n'y aura personne pour parler autrement !

— Si ! À toi de prendre la relève ! »

Je ris jaune, je n'aimais pas bien être catalogué d'une tendance ou d'un courant, mais je suis sûr que ce n'était pas dans l'intention d'Yves d'essayer de me recruter. D'autres avaient tenté de le faire sans succès. Je ne souhaitais pas passer de la peste au choléra en adhérant à un quelconque courant, bien que je n'aie jamais condamné leur constitution.

Cette relève, je tentai bien de la prendre. Mais ce fut sans succès !

Lors du vingt-neuvième congrès, je décidai de faire un effort. Je participai à mes réunions de cellule et je fus « élu » délégué à la conférence de section. Notre cellule avait décidé de changer de secrétaire de cellule. Cela était une nouveauté. D'habitude, il fallait l'autorisation de l'instance supérieure, celle du secrétaire de section. Ce dernier, certainement pas encore au courant des changements statutaires dans son parti, protesta de ne pas avoir été consulté. Et pourquoi l'aurait-il été ? Les nouveaux statuts n'avaient-ils pas décrété « la souveraineté de l'adhérent » ? On voit bien que beaucoup de chemin reste à faire dans ce domaine. Au cours de la conférence, je fus membre de la commission des candidatures. Quelle fut ma surprise d'apprendre que la personne que nous ne voulions plus comme secrétaire de cellule fut proposée pour être au comité fédéral[13] ! Et, bien entendu, malgré mes protestations et celles du nouveau secrétaire de la cellule, la conférence de section maintint cette proposition et la conférence fédérale élit cette personne contre laquelle d'ailleurs je n'ai rien à dire, ce n'est pas elle qui est en cause, mais la méthode consistant à passer par-dessus les adhérents qui devaient pourtant être « souverains » comme le disent les nouveaux statuts du parti.

---

[13] Le comité fédéral est l'instance dirigeante de la fédération. Les membres sont « élus » par la conférence fédérale ; je mets des guillemets à « élus », car si l'élection se fait à bulletin secret (depuis peu de temps, avant c'était à main levée), une seule liste est proposée à l'élection et cette liste est préparée par la commission des candidatures. Or, cette commission entérine en général les propositions de la direction sortante. Jusqu'à il y a peu de temps, c'était même le secrétaire fédéral qui proposait une liste, et pas du tout le rapporteur de la commission...

Suite à ces deux détestables expériences, car, au P.C.F. quand vous êtes d'accord c'est le paradis, mais quand vous ne l'êtes pas, c'est l'enfer, je refusai systématiquement de participer à quelque réunion que ce soit, et je n'ai même pas participé au vote de la préparation du trentième congrès. Lors d'une réunion du groupe des élus communistes et républicains,[14] une amie disait que ce n'était pas facile de ne pas être d'accord. C'est vrai. Disons que c'est plus facile d'être d'accord. Mais que c'est triste quand tout le monde semble être d'accord, car cela signifie inéluctablement que certains le sont par confort, par fainéantise intellectuelle, voire par manque de courage. Les désaccords sont enrichissants. Mais c'est une culture absente au P.C.F.[15] souvent on y a entendu de fidèles camarades parler de « l'intérêt du parti ». Nous étions prêts à beaucoup de choses dans « l'intérêt du parti ». Cet esprit de parti — qui n'est pas mauvais en soi — doit trouver ses limites. Il existe aussi ailleurs qu'au P.C.F. C'est lui qui a conduit nombre d'hommes politiques à donner frauduleusement des moyens financiers à leur parti et qui

---

[14] Il s'agit des élus municipaux proches du P.C.F. dont j'ai été le président pendant seize années. Nombre de ses membres ne sont pas membres du P.C.F.

[15] Je ne développerai pas toutes les expériences de « désaccord » au sein du P.C.F., comme celui de Marcel Servin, dont j'ai entendu parler dans ma jeunesse, car je suis Lorrain, et il fut « déporté » en Moselle pour cause de désaccord. Il faut peut-être rappeler que l'opinion qui lui valut cette « déportation » est largement partagée aujourd'hui au P.C.F.

maintenant le paient cher. La nouvelle législation concernant le financement des partis et la limitation des coûts des campagnes électorales a du bon. Voilà encore un de mes désaccords avec « l'appareil » et le groupe des parlementaires communistes qui a voté contre la loi de financement des partis.

2000 : un congrès pour quoi faire ?
En mars 2000 a lieu le trentième congrès du P.C.F. Pour moi, ce congrès est pathétique. Les tentatives d'instaurer véritablement la démocratie ne sont pas crédibles. Les débats sont faussés. Le texte de préparation parle de la « structure qui doit être au service des adhérents » et non le contraire. Mais personne ne parle de changer cette structure. C'est là le drame. On parle même de faire élire le secrétaire national par le congrès. Mais c'est quoi le congrès ? Je l'ai dit : une réunion plénière de « l'appareil » à laquelle sont invités quelques militants soit naïfs soit visant une carrière. Quand assisterons-nous vraiment à une réunion rassemblant des adhérents ? De vrais militants ? Le P.C.F. est devenu un géant aux pieds d'argile. Il va bientôt s'effondrer. Avant de consolider ses pieds, il faut alléger son corps, se séparer d'une partie importante de « l'appareil » et renouveler le reste. Toute demi-mesure consistant à conserver les places dans les fauteuils aux permanents serait suicidaire.
Les différents organismes de direction sont bien souvent fétichisés (dans le même sens que Marx qui par-

lait de la fétichisation de la monnaie). Ainsi, Jean-Paul Magnon parle de la manière suivante lors d'un conseil national de l'automne 1999 : « Le *bureau national* (c'est moi qui souligne) ne voulait pas faire de cette question une "affaire". »[16] Je l'avais aussi souvent entendu dire : « Le *comité fédéral* ne sera pas d'accord. » Et comment pouvait-il le savoir que le comité fédéral, avant de se réunir, ne serait pas d'accord ? Voilà une manière de s'exprimer qui montre une certaine conception de ces instances : ce ne sont plus des assemblées d'êtres humains qui peuvent avoir des positions différentes, mais un bloc représentatif d'une pensée unique... « L'appareil » emploie souvent une autre expression : « La relation de l'adhérent au parti. » Curieux... L'adhérent serait donc extérieur à son propre parti ? Si on remplaçait « parti » par « appareil » on comprendrait mieux. D'ailleurs n'est-ce pas Pierre Zarka qui demanda, lors du Conseil national du 13/12/1999 : « Une intégration de dirigeants qui ont une activité autre que celle de *l'appareil* du parti » ? Et Sylvie Mayer qui remarque lors de la même réunion : « Nous éprouvons le besoin de faire précéder nos innovations d'un préalable : ne touchons pas à ce qui fonctionne. » « L'appareil » fonctionne, bien sûr, mais pour autant, il a fini par fonctionner pour son propre intérêt d'appareil.

---

[16] Au sujet des attitudes de Maxime Gremetz.

L'avenir du parti est bien sombre tant que ceux qui l'ont conduit (et leurs serviteurs) où il est seront toujours à le diriger à tous les niveaux. Le parti est un organisme curieux : ses dirigeants en sont ses salariés ! Les adhérents paient pour exécuter les directives de ceux qui sont leurs salariés. On ne peut pas concevoir une situation plus anormale.

Les permanents risquent de perdre rapidement leur place, car le parti risque bel et bien de mourir. Tous les appels à la souscription et aux cotisations ne portent plus. Il faut tout rénover en profondeur. Bien d'autres personnes, et bien avant moi, ont déjà tenu ce discours. Finalement je leur rends hommage pour leur courage. Il est particulièrement consternant de voir certains responsables pleurnicher sur la présence ou non de la faucille et du marteau sur la « une » du journal « L'Humanité », ces personnes qui parlent de « parti révolutionnaire » sans savoir exactement ce qu'ils disent ; et les autres, qui ne savent où donner de la tête, qui parlent « d'ouvrir » le parti (c'est donc bien qu'il était fermé...), alors qu'aucun d'entre eux n'a été capable de l'ouvrir à ses propres adhérents.

J'ai bien conscience que tout cela pose de gros problèmes humains, car les permanents, la plupart du temps, ne savent faire que cela : mal diriger le parti communiste. Il y a des dispositions à prendre pour rendre leur recyclage professionnel possible en respectant leurs droits, même si, souvent, ils n'eurent pas les mêmes scrupules.

J'ai toujours trouvé exécrable cette personnalisation, ce culte de la personnalité, comme ces maires (il y en a de tous les bords) qui disent : « *Mon* adjoint (pour parler d'un maire-adjoint), *mon* conseiller (pour parler d'un conseiller municipal), *ma* piscine (pour parler de la piscine communale), *ma* maison de la culture, *mon* budget... », etc. Eh bien ces gens qui dominent le parti communiste depuis très longtemps parlent de *leur* parti comme d'une propriété privée...

Pour que cette propriété privée soit remise en cause, pour qu'on en vienne à ce que les adhérents soient vraiment propriétaires de leur parti, une vraie révolution est nécessaire.

Comme il serait naïf de demander à la bourgeoisie de remettre elle-même en cause son pouvoir, il le serait tout autant de le demander à « l'appareil »....

Comme je l'indique en tête de ce document, je quittai définitivement le PCF en 2001.

Histoire politique de Givors

En 1953, sur 27 conseillers municipaux, les électeurs avaient élu 13 conseillers communistes et apparentés et 14 élus de droite et socialistes. Malgré l'accord politique entre la droite et la SFIO, lors de la séance du conseil municipal pour l'élection du maire, un élu socialiste, Henri Broues a voté pour Camille Vallin. Ce dernier fut donc élu à une voix de majorité. Ce fut une agréable surprise pour les uns et une catastrophe pour les autres. En ce qui concerne la commune, ce fut le début d'une très longue période de paupérisation continue.

Le PCF fut dominant dans la commune de manière arrogante pendant de longues années : en 1971 la liste « Vallin » se présenta seule. En 1977, seule une liste « écologiste » composée de très jeunes gens se présenta contre Vallin, dont certains membres furent présents en 1989 sur la liste Vallin et en 1995 sur la liste Passi. Enfin, en 1983, le député Hamel, réunit une liste très combative contre Vallin (avec Bahu en second) et réalisa un très bon score (47 % au deuxième tour après union des deux listes du premier) alors que la droite était absente des combats électoraux depuis près de trente ans !

Le fait que tous les moyens de propagande municipaux ont été mis au service de l'idéologie « communiste » pendant plus de 50 ans n'a fait, bien sûr, que renforcer cette idéologie dans la commune. Mais il faut noter que dès que la droite (ou toute autre opposition) se mobilise fermement contre cette idéologie, cette dernière recule de manière conséquente. Aujourd'hui, le PCF ne se présente même plus aux élections présidentielles. La droite a réuni 3200 voix au deuxième tour sur le nom de Sarkozy. Or JAMAIS les listes de gauche n'ont réalisé autant de voix aux municipales. La victoire est donc tout à fait possible, mobiliser l'électorat de droite est donc possible comme a su le faire dans le passé Emmanuel Hamel par exemple, à une époque où le PCF faisait plus de 20 % au niveau national et près de 50 % à Givors ! Aujourd'hui il en fait dix fois moins. Raymond Combaz, conseiller municipal communiste depuis 1977 (et il n'a jamais rien fait pour la commune tout au long de ces années) s'est présenté aux élections législatives de 2017 : il a fait 12 % à Givors, et quelques pour cent sur la circonscription ! Il a eu le culot de contester l'élection au Conseil constitutionnel et a été débouté.

En ce qui concerne les municipales, la droite (Bahu, RPR) a raté de peu l'élection en 1995 grâce à la présence d'une liste Front National. Sans cette dernière la droite serait passée haut la main. D'ailleurs, après l'élection, la tête de liste du Front National a disparu de la circulation, d'un air de dire : « Mission accomplie ! J'ai empêché la droite de passer… »

Mais le calvaire de la droite ne s'est pas terminé là. Suite à l'horrible dissolution de l'Assemblée nationale par Jacques Chirac en 1997, ce fut la vague rose ! Bahu, a perdu son siège de conseiller général pourtant ravi, auparavant, à Camille Vallin lui-même, après avoir perdu son siège de député. Las de ces défaites, huit élus de la liste Bahu démissionnèrent du conseil municipal en 1998, faisant ainsi monter les suivants de la liste, dont Soulier et Bazin qui, aujourd'hui, sont élus sur la liste de Passi ! En 2001, la droite n'existait pratiquement plus à Givors. Seul Denis Ribeyre se présentant à la tête d'une liste de bric et de broc se présenta contre Passi. Quand on regarde les résultats, Passi est passé avec 58 % des voix, mais le nombre de ses voix était inférieur à celui de Bahu (RPR) aux élections précédentes de 1995 ! Quel dommage que Bahu et ses colistiers aient fait cette dramatique erreur de démissionner en 1998. En politique, seule la persévérance paie !

Aux élections municipales suivantes, Passi n'a cessé de régresser : il avait donc fait 58 % en 2001, 52 % en 2008 et… 43 % en 2014 ! Comment a-t-il pu se faire élire avec 43 % au premier tour. Tout simplement grâce, une fois de plus, à la présence d'une liste Front National qui a divisé la droite ! Passi peut remercier chaleureusement le Front National.

Depuis 2008, c'est **Michelle Palandre** qui dirige une opposition résolue et constructive contre la mainmise communiste sur la ville de Givors.

Il est intéressant de se rappeler les deux périodes de gestion financière de la commune. Il y a eu la période Vallin et la période Passi (évidemment !).

Les deux périodes sont marquées par la même idéologie de « lutte des classes » : « Il faut faire payer les riches »... Or il n'y a pas de riches à Givors, en dehors des entreprises et encore il n'y en a presque plus. On a donc écrasé et on écrase encore d'impôts locaux les petites couches moyennes, celles qui ont économisé toute leur vie pour se construire une petite maison et qui paient des fortunes en taxe d'habitation et foncier bâti.

La période Vallin : partant de ce principe Vallin a écrasé les entreprises sous une taxe professionnelle (TP) battant tous les records au niveau national. Il faut savoir qu'en 1982, juste avant l'écrêtement des taux de TP réalisé par la loi, la TP à Givors avait un taux de 33% !!!!!
L'écrêtement s'est fait sur la base de deux fois la moyenne nationale qui était alors de 12,5%, Givors s'est donc trouvée avec un taux de 25 %, ce qui fut un souffle d'air pour les entreprises par rapport aux 33 %. Mais vous noterez que ce taux est quand même resté le double de celui de la moyenne nationale. Le différentiel avec les 33% a été compensé par une dotation de l'état (le fonds de compensation de la taxe professionnelle) que la commune touche toujours, bien que fort dévalorisée.
Un autre aspect de la loi a été de lier les taux de la TP et celui de la taxe d'habitation (TH). L'excuse fut bonne de dire que l'on ne pouvait pas baisser le taux

de la TH sans baisser le taux de la TP, donc on ne baissait rien...

Il faut savoir également que les dotations de l'État (notamment le dotation globale de fonctionnement : DGF) est basée sur l'effort fiscal et sur le potentiel fiscal : plus une commune est pauvre (bas potentiel fiscal) et plus elle fait payer d'impôts, plus elle touche de DGF...

Si Givors a un faible potentiel fiscal, c'est dû essentiellement à la pauvreté de ses bases locatives, celles qu'on multiplie par les taux pour avoir le montant de l'impôt : elles sont calculées selon des critères nationaux (surface du bâti, commodités, fenêtres, etc.) modulés par des critères locaux de classement dans différentes catégories par la commission communale des impôts. Cette faiblesse des bases locatives est le résultat d'une politique volontariste de Vallin : la construction de milliers de logements sociaux au rabais, à tel point, que par exemple, dès son élection en 1953, il ne s'est pas du tout préoccupé d'urbanisme, mais de construire d'immenses cités avec de très petits logements comme la cité Croizat, Yves Farges... Ce qui fait que les locataires de ces logements ont une TH assez basse vu la petitesse de leur valeur locative, bien que le taux de la TH soit très élevé. De plus, étant pauvres ils sont souvent exonérés. Ainsi, les gens qui ont un logement « normal » genre petite villa, ont, eux, une valeur locative élevée et le même taux très élevé que les autres.

Ainsi seulement 20 % de la population paie les impôts locaux de Givors...

Même avec une telle politique financière (car il s'agit bien de politique financière liée à une politique de logement et d'aménagements types pays de l'Est...) Givors a connu des difficultés financières.

La politique de Vallin a toujours été une politique de surendettement de la commune ; c'était le volontarisme stalinien : rien n'est impossible !

Avec un personnel pléthorique, la section de fonctionnement du budget dégageait rarement de l'autofinancement... En effet, c'est l'excédent de la section de fonctionnement (le bénéfice en quelque sorte...) qui doit financer la section d'investissement. La politique des communistes était de voter des budgets en déséquilibre afin d'obliger le Préfet à imposer un équilibre et de pouvoir dire ensuite : c'est le préfet qui augmente les impôts !!! Bien que cette méthode soit tombée en désuétude, il semble que Balme, l'ancien maire de Grigny, l'avait encore utilisée il y a quelques années...

Enfin, il y a eu d'autres méthodes employées pour alimenter la section d'investissement sans autofinancement, une méthode que l'on peut qualifier de « cavalerie », consistant à vendre les « bijoux de famille », et, ceci en le vendant quasiment à soi-même ! Ainsi, la commune a vendu pour de grosses sommes ses logements (Croizat, Jean Cagne etc.) à la CODEGI, la société d'économie mixte de la ville alimentant ainsi (mais pour l'année de la vente seulement) la section d'investissement. Rappelons que la CODEGI, présidée par Martial Passi a suivi cette voie en vendant son patrimoine de logements sociaux à l'OPAC dans des conditions pas très claires. Nous ne comprenons pas que l'OPAC, présidée par Mercier, ait suivi dans cette affaire... Ou plutôt si! Nous comprenons très bien que l'OPAC a acheté des logements sociaux à un prix très en dessous du marché.

Quand Vallin a cédé la place à Passi la commune croulait sous les dettes...

Période Passi : lorsque Passi fut élu maire, il lui a été dit qu'il fallait assainir les finances communales. Passi l'a donc pris au mot et est passé d'un extrême à l'autre !

En conséquence, les impôts sont restés très élevés. Par le jeu de transferts de dettes vers la CCRS (Comité de Communes Rhône-Sud qui ne comprenait que Givors et Grigny) et le fait qu'il n'a quasiment rien fait en investissement jusqu'à ce jour, Passi a pu dégager un autofinancement suffisant pour rembourser progressivement les dettes de la commune. Pire même, son équipe est tellement désorganisée que depuis 2001, il dégage systématiquement un excédent de 6 millions d'euros dans la section d'investissement, excédent qu'il reporte d'un compte administratif à l'autre !!!! Or cette somme correspond exactement à la recette fiscale d'une année de la commune ! Une véritable gabegie. Passi a tenté de l'expliquer lors d'un conseil municipal en en donnant la faute aux… services techniques… Depuis la décision du gouvernement Hollande de baisser les dotations de l'État, cet excédent a baissé.

De toute façon réaliser des excédents en surestimant les dépenses et sous-estimant les recettes est illégal. L'association de défense des contribuables de Givors que je préside mène actuellement une action sur ce sujet.

Cette équipe est impuissante : sa fainéantise n'a d'égale que sa propension à passer son temps à faire de la propagande pour son image au lieu de s'occuper des affaires de la commune…

La désindustrialisation

L'année 1970 fut une année charnière dans l'histoire de Givors pour bien des raisons. Ce fut l'année où les grands ensembles d'HLM de la commune furent terminés ou quasiment terminés : les HLM des Plaines, les tours Maurice Thorez, et surtout, le quartier des Vernes avec ses 2500 logements !

Aujourd'hui Givors abrite pas moins de trois zones de quartiers sensibles, regroupant environ 8500 habitants sur les 19500 que compte la commune.

1970 c'est aussi l'année qui marque la fin du Givors d'antan : le canal a été comblé et l'espace foncier ainsi libéré a permis la construction de l'autoroute A47. Aujourd'hui, on se demande comment Camille Vallin avait pu accepter qu'une autoroute coupe sa ville en deux. Ce fut donc aussi la fin du « Bassin » qui servait de jonction entre le canal et le Rhône via une écluse dont on voit encore l'immeuble de l'éclusier en bordure du port pétrolier et constituait aussi un port de réparation des bateaux. C'en était fini depuis longtemps des ports de Givors, la navigation fluviale ayant subi la concurrence effroyable et foudroyante du chemin de fer. Le croisement à Givors de la ligne de chemin de fer Givors-Nîmes avec celle de Givors-Saint Étienne explique pourquoi une si petite ville possède deux gares, celle de Givors-Canal et celle de Givors-Ville.

Donc nous voilà traversés aujourd'hui par plusieurs dizaines de milliers de véhicules par jour grâce à l'autoroute A47.

Ce fut pourtant avec une grande fierté que mon ami Camille Vallin a participé, en 1970, à l'inauguration du pont de Givors qui permettait à l'autoroute de traverser le fleuve. Il a fallu attendre plusieurs années encore pour que ce pont soit relié avec l'A7 (et plus tard encore l'A46) par un tronçon autoroutier, le passage par Flévieu fut pour longtemps un calvaire pour les automobilistes venant de l'A7.

Les années 70 furent aussi les années de la deuxième période de désindustrialisation. La première période avait vu la restructuration de la sidérurgie avec la disparition des petits hauts-fourneaux comme ceux de Chasse-sur-Rhône, en face sur l'autre berge du fleuve et ceux de Prénat à Givors.

La deuxième désindustrialisation s'est attaquée à la mécanique : les ateliers de Fives-Lille (chaudronnerie et mécanique générale), Berthiez (machine-outil), avec la liquidation beaucoup plus silencieuse des sous-traitants...

Puis, au début des années 2000, ce fut la fermeture historique de la verrerie, qui appartenait alors au groupe VMC. Là, il n'était plus question de restructuration industrielle, mais de fuite de Givors par des patrons las de la guérilla de la CGT, soutenue systématiquement par la mairie communiste, guérilla qui finissait par bloquer le fonctionnement de l'usine.

Il faut noter le bon revers de la médaille : depuis la fermeture de la centrale thermique de Loire-sur-Rhône et celle de la verrerie, l'air est devenu plus respirable à Givors ! Il faut savoir que ces deux usines étaient responsables d'une épouvantable pollution de l'air. Lorsque j'étais maire adjoint, notamment à l'écologie urbaine, j'avais demandé à l'organisme de surveillance de la qualité de l'air de la Communauté Urbaine de Lyon, la COPARLY, de placer au bord de l'autoroute, sous la cheminée de l'usine VMC, un appareil de mesure des différents composants de la pollution des cheminées de la centrale thermique et celle de la verrerie (le dioxyde de soufre) d'une part, et ceux de la circulation automobile d'autre part (oxydes d'azote et ozone). Ces mesures ont été faites pendant six mois et j'ai donc réuni la preuve de l'importante pollution de la verrerie. D'ailleurs, un des anciens directeurs de cette usine m'avait confirmé que cette usine brûlait des résidus lourds de distillation du pétrole extrêmement nocifs. Mais aussi de la pollution de la circulation automobile de l'autoroute. Là, le problème n'est pas encore vraiment résolu…

Après la fermeture de la verrerie VMC en 2003, il fallut développer un projet de réhabilitation de ces friches avec l'aide de l'EPORA, une institution qui finance la réhabilitation des friches industrielles. Un bureau d'études privé avait élaboré un projet de création d'une zone d'activité avec un lien routier le long des berges du Gier vers la nationale 86.

Mais Passi a piqué ce projet et l'a repris à son compte en donnant la gestion de cette zone d'activité (dite ZAC VMC) à la société d'économie mixte de la ville qui s'appelait à l'époque CODEGI, qui est devenue ensuite Givors développement suite au scandale immobilier de la place de Bans, et aujourd'hui SAGIM (voir plus loin le rapport de la chambre régionale des comptes sur cette société d'économie mixte).

Le projet, avait promis Passi devait créer 600 emplois ! À ce jour, aucun emploi n'a vraiment été créé sur ce site qui a seulement rapatrié des emplois existants sur d'autres sites. Ce fut le projet de pôle automobile qui a rassemblé sur ce site les concessionnaires éparpillés jusqu'alors dans d'autres quartiers de la ville. Un point c'est tout !

Le contrat d'aménagement prévoyait un déficit de 500 000 euros pour ce site, et il en est actuellement à 5 millions d'euros ! Il devait durer 5 ans, il dure depuis 12 ans ! Un échec total et complet…

La décadence des équipes de Passi et de sa gestion n'a jamais cessé de s'aggraver jusqu'à sa condamnation par le tribunal correctionnel qui l'a conduit à démissionner de son poste de maire avant que la cour d'appel qu'il a saisie n'aggrave sans doute sa condamnation. Il a partagé cette condamnation pénale avec sa sœur Muriel Goux qu'il avait nommée DGS dans des conditions ubuesques et illégales.

Voir en plus loin le résumé de ce feuilleton judiciaire qui a entamé la lente descente en enfer de la majorité municipale, qui, au lieu de s'extirper de cette situation ne fait que s'y enfoncer en votant la protection fonctionnelle pour faire bénéficier à Passi du financement par la commune de ses frais de justice ce qui est véritablement écœurant… Vous pourrez lire en fin de cet ouvrage le jugement complet de la condamnation du maire et de sa sœur.

Enfin, la chambre régionale de comptes a enquêté sur la gestion de Passi entre 2009 et 2015. Ses conclusions sont accablantes ! De nombreuses irrégularités et malversations ont été dévoilées. Elle a également condamné deux comptables publics de la commune à rembourser 500 000 euros à la commune dans le cadre de paiements illégaux d'heures supplémentaires et d'astreintes au personnel communal.

À l'heure où j'écris ces lignes, le feuilleton judiciaire de Passi et de la municipalité n'est pas terminé, puisque la chambre régionale des comptes a porté plainte contre lui pour des charges de détournements de fonds, favoritisme et recel. L'enquête préliminaire a été ouverte par le parquet et des perquisitions ont été menées à la mairie par le parquet national financier vendredi 2 février 2018. Le CIDEFE, organisme de formation du PCF a été, semble-t-il, visé par cette perquisition. En effet, la chambre régionale des comptes avait relevé de graves irrégularités dans les relations entre le maire, sa première adjointe et le CIDEFE.

D'autre part, la chambre régionale des comptes a également publié un rapport tout aussi accablant contre la gestion par Passi de la société d'économie mixte de la ville de Givors qui s'appelle désormais SAGIM, après s'être nommée Givors développement, et auparavant CODEGI... et qui s'appelait au départ SACVIG...

Dans le domaine de l'urbanisme également (pourtant crucial pour l'avenir d'une commune) rien de sérieux n'a jamais été réalisé. Aucune vraie stratégie de développement d'un urbanisme durable n'a été construite ni soumise aux électeurs. Le centre-ville est en « restructuration » depuis plus de trente ans (il a commencé en 1970 avec la rénovation du Vieux Givors)... Le CUCS (Contrat urbain de cohésion sociale) porte un jugement extrêmement négatif sur ce centre-ville : « *(...) le quartier se caractérise par un déclin alarmant de l'activité commerciale, la présence d'un nombre important de logements sociaux, une vacance importante du parc de logements privés très dégradés, une paupérisation de la population, une délinquance encore présente (le centre reste le quartier le plus criminogène), et par voie de conséquence un espace urbain peu convivial et désorganisé ... »*[17]

Il y a eu la construction du quartier des Vernes (fini en 1976) qui fut plus déstructurant que structurant, qui a désorganisé la commune et accentué la concentration de misère. Là également la démolition récente de nombreux logements n'est qu'une confirmation de cet échec urbain... Nous pourrions également développer sur l'historique de la restructuration de ce quartier...

Le seul projet urbain un peu stratégique a été celui de Roland Castro en 1988, le projet « banlieues 89 » (déjà ce titre classait Givors comme une banlieue) qui n'avait rien de génial, il n'y avait pas besoin de Castro pour comprendre que la voie structurante de Givors est la nationale 86 qui traverse la ville dans un axe nord-sud !!!

Quant à Passi, il a poursuivi la liquidation volontaire du centre-ville par son déplacement vers la gare, projet « urbain » initié et développé par les services techniques des années 80 et 90 dirigés par des communistes.

---

[17] Ce document est signé par le Préfet, les sociétés de HLM, le directeur de la Mission locale, le Grand Lyon, le Conseil général et la Caisse d'allocations familiales... Il est soumis au conseil municipal en sa séance du 25 juin 2007

On ne peut pas faire de social sans développer la création de richesses. Or ce n'est pas l'opinion de l'équipe actuellement à la mairie. Sous prétexte de solidarité, ils écrasent d'impôts une petite partie de la population, la moins pauvre de la commune, pour « aider » les plus pauvres. En fin de compte cette politique n'a fait que maintenir la majorité des habitants de Givors dans la pauvreté, avec le départ de toutes les entreprises de Givors. Et ceci n'a pas été une fatalité ou une quelconque volonté politique des gouvernements successifs (d'ailleurs plusieurs entreprises ont fermé sous des gouvernements d'union de la gauche !), mais bien le résultat de la politique des communistes !

Malgré la création à Givors d'une antenne de la chambre de commerce et de la chambre des métiers, la tentative de créer une association de développement regroupant les élus, les entreprises et les chambres consulaires (l'ADERS dissoute par Passi et Balme), à cause du maintien de la même politique soi-disant de « solidarité », l'hémorragie a continué...

Il n'est pas besoin de grands discours pour constater que depuis 1953 la pauvreté n'a cessé de s'aggraver à Givors, fruit d'une politique financière, économique et urbaine résumée ci-dessus... Il faut néanmoins insister sur deux points : Passi a abandonné toute gestion de la population en supprimant la commission logement et en confiant la restructuration du centre-ville à l'OPAC ; c'est inimaginable de confier une restructuration de centre-ville à une société HLM ! D'autant plus que le travail de cet office HLM a été un désastre : il a accumulé un déficit d'un million d'euros pour pratiquement aucune réalisation. Rappelons-nous que c'est Michel Mercier, en tant que ministre de l'Agriculture qui a attribué la Légion d'honneur à Passi. Peut-être peut-on comprendre derrière cela (en ajoutant la vente du patrimoine locatif de la CODEGI à l'OPAC) les remerciements à Passi de Michel Mercier, président du conseil général et président de l'OPAC.

Souvenirs personnels

Les textes qui suivent sont extraits de mon livre *Communisme, je m'en suis sorti !*[18]
Ils sont publiés ici pour l'intérêt qu'ils peuvent avoir pour les Givordines et Givordins.

En 1993, Vallin a décidé de passer la main à Passi

Je ne sais pas si c'était vraiment lui qui l'avait décidé, mais il l'a fait...

Je ne me souviens plus quand j'en avais été informé officiellement.

Je ne sais plus si c'est avant que Passi ne soit élu premier adjoint ou quand il a été élu maire.

Mais peu importe.

J'avais été secrétaire de section de 1978 à 1984. Comme j'étais adjoint, j'avais demandé à être relevé de cette fonction ; je me souviens que la « cérémonie » de passation s'était déroulée à La Rama[19]... On faisait toujours en automne la soupe aux choux avec tous les adhérents. Mais ça n'a pas duré, faute d'adhérents...

Donc à cette occasion on me fit quelques cadeaux : un livre sur le bridge, ma table de salon que j'utilise d'ailleurs toujours, et la venue du secrétaire fédéral

---

[18] Edilivre - 2012

[19] C'est le lieu où se trouvait le centre aéré de la commune.

avec ses airs de maquignon… Mon successeur a été Combaz. Faute de trouver quelqu'un d'autre…

Donc quand il a fallu enfin me dire que je ne serai pas maire, Combaz fut convié. Il était assis à côté de moi dans le bureau de Vallin face à lui.

Je voyais ce dernier transpirer d'angoisse.

Je ne saurais reprendre exactement ses termes, mais il m'annonça cela sans précaution, indiquant les « qualités » de Passi…

Je ne sais plus non plus exactement ce que j'ai répondu, mais ce que je sais c'est que je suis resté très calme et même assez ironique…

Je me souviens par contre très bien de la réaction de Vallin : « Ah ! je suis agréablement surpris de ta réaction… »

En fait, Vallin s'adressait à moi, mais Combaz était aussi intéressé, car il avait toujours été sur les rangs… d'ailleurs dès 1977, alors qu'il était responsable des jeunesses communistes, il avait collé des affiches partout à Givors avec son portait et écrit : « Il nous faut Combaz au conseil municipal ! »

Comme Passi était 1er adjoint, il fallait choisir aussi un premier adjoint…

Avant l'élection du maire, alors que j'étais dans la voiture avec Vallin (je ne sais plus où on allait) il me demanda si je voulais « avoir des responsabilités importantes au sein du bureau municipal… »

Je lui répondis que oui.

Donc nouvelle réunion dans le bureau du maire toujours en exercice, cette fois avec Passi en plus. Vallin, un peu retors me demanda si je voulais être premier adjoint, au lieu de demander à Passi quelle était la personne qu'il choisirait comme 1er adjoint.

Voilà Passi bien ennuyé qui baissait la tête...

Donc Vallin demanda à Passi ce qu'il en pensait...

Et ce dernier refusa en bégayant et proposa... Goubelly.

Ouf ! Je me voyais mal 1er adjoint de Passi.

Aux vœux du maire qui ont suivi, Vallin a annoncé le nom de son successeur, en indiquant que je serais toujours présent. A part celui de Passi, seul mon nom avait été prononcé...

Je me rappelle très bien la réunion du Conseil municipal au cours duquel Passi fut élu maire.

Depuis 1983, j'avais instauré la coutume que c'était le président du groupe dont le futur maire était issu qui annonçait sa candidature. Je ne pouvais qu'être fidèle à moi-même en imposant que cette tradition fût respectée...

Je préparais donc un discours assez long, en deux parties, première partie, je rendais hommage à Vallin et Vallon. Il est vrai que je connaissais ces deux hommes depuis 1972 (donc depuis plus de 20 ans au moment de cette élection). C'était vrai qu'on avait traversé pas mal de choses ensemble, surtout avec Vallin, où nous allions tous les deux souvent par monts et par vaux semer la bonne parole de l'écologie. D'ailleurs, après la réunion du conseil qui était bourrée de monde dans le public, bien des gens m'ont dit que mon discours était très émouvant, j'avais eu beaucoup de félicitations...

En deuxième partie, j'annonçais la candidature de Passi...

Vallin était très ému, on voyait bien qu'il ne voulait pas partir...

Il avait tenté de m'utiliser pour rester, mais je n'avais pas marché.

En fait, c'était le secrétaire fédéral qui lui avait demandé de partir. Ce responsable du parti avait comme objectif, sans doute de la part du comité central, de renouveler les maires des mairies communistes.

Il l'avait fait récemment pour Vénissieux et Vaulx-en-Velin, c'était le tour de Givors.

D'ailleurs, après ce changement de maire, le nouveau maire de Vénissieux venait toujours à la mairie pour faire la leçon à Passi que ça énervait. Parfois je trouvais André Gerin[20] dans le hall de la mairie et lui demandais ce qu'il attendait, il répondait qu'il voulait voir Passi, je lui demandais s'il avait rendez-vous, il me répondait que non...

L'illusion communiste

Souvent on discute de la manière de faire de la politique : il ne faut pas croire que ce qu'on pense est toujours la réalité, il faut le vérifier par l'expérience.

Dans le domaine des sciences, cela est maintenant acquis, mais ne l'a pas toujours été.

C'est acquis depuis Galilée ! (1564-1642)

---

[20] Député-maire de Vénissieux à l'époque

La NASA a lancé une sonde d'exploration de la planète... Jupiter !

Elle s'appelle Juno du nom de la femme (et sœur) de Jupiter (le dieu)

Elle emmène avec elle trois figurines : celle de Jupiter, de sa mère Juno et celle de Galilée, le premier à avoir découvert quatre des satellites de Jupiter grâce à sa lunette d'astronomie.

Galilée a été le premier homme dans l'histoire des sciences à mettre en pratique cette idée qu'il ne fallait pas croire quelque chose en soi, mais ne croire que ce qui a été vérifié par l'expérience..

Ainsi a-t-il utilisé la lunette pour regarder les étoiles. Personne avant lui n'avait même pensé à le faire.

Il a aussi expérimenté les fausses théories d'Aristote qui avait prétendu que deux boules l'une de fer et l'autre de bois de même dimension ne mettaient pas le même temps pour tomber et le faisait à vitesse constante.

Galilée a donc démontré que c'était faux par sa fameuse expérience de la tour de Pise. Depuis 18 siècles les "savants" (tous des religieux) n'avaient même pas eu l'idée de remettre en cause ces affirmations d'Aristote...

En effet ces deux boules lâchées du haut de la tour de Pise par Galilée tombent en même temps sur le sol et leur vitesse n'est pas constante, elles accélèrent (car soumises à la force de gravitation). En fait il paraît que cette histoire de l'expérience de la tour de Pise est une légende. Mais cela n'enlève rien à la découverte de Galilée.

Le communisme est du même « genre » que les théologiens d'avant Galilée qui croyaient que la réalité était ce que disaient les textes, ceux de certains philosophes (comme Aristote, qui n'avait pas dit que des conneries) et ceux de la Bible et autres textes religieux.

C'est ce que j'explique dans ma nouvelle : « Le Spectre[21] » dans laquelle je m'invente une conversation avec un spectre, le communisme, que j'appelle « spectre », car je m'inspire d'un texte (*Le Manifeste du parti communiste*) de Marx qui avait écrit : « le communisme, un spectre qui hante l'Europe »

Le communisme est devenu une vraie religion avec ses livres (Marx, Engels, Lénine, mais aussi Staline et Mao) ses prophètes (voir la précédente parenthèse...) et cette force de l'illusion qui fait croire que le monde est ce que les communistes pensent qu'il est, alors que c'est tout le contraire !

D'ailleurs le grand historien François Furet a écrit un livre dont le titre est : « Le passé d'une illusion – essai sur l'idée communiste au XXe siècle ».

Camille Vallin a 80 ans !

Camille Vallin était né en 1918. En novembre...

Il a voulu fêter ses 80 ans. En automne 1998. Triste anniversaire...

Il avait trois fils : Paul (décédé) Pierre et Michel, le plus jeune.

---

[21] Publiée dans mon livre « L'appareil » (2000) et aussi dans mon ouvrage « Communisme, je m'en suis sorti ! »

Ce dernier a organisé la petite fête.

Il y avait la famille très proche de Vallin (ses enfants et leurs enfants) et ses relations politiques dont je faisais partie...

La fête avait eu lieu dans le Pilat, dans une auberge. Il faisait froid...

J'étais encore en arrêt maladie pour dépression.

Il y avait des huiles du bureau politique : Jean-Paul Magnon, Roland Jacquet, le trésorier national, avec son épouse Monique qui travaillait dans mon service. Elle ne manqua pas de me demander si ça allait mieux... et je ne sais plus qui encore...

Guy Fischer aussi... Mais il n'y avait pas Gerin...

Le dernier arrivé fut Passi. Il était venu sans sa femme (Evelyne), dont il devait être séparé, je crois, accompagné de Christiane Charnay... Ils étaient venus contraints et forcés et ça se voyait...

Il y avait une drôle d'ambiance.

Je ne sais pas si c'était ma dépression, mais je trouvais Vallin aussi déprimé que moi...

Je me suis trouvé à table avec les huiles (puisque j'en étais encore une, mais ça n'allait pas durer...) Et cette tablée était très désagréable, car on n'a entendu parler que de politique politicienne. Moi je me suis bien gardé de dire quoi que ce soit...

Si Passi ne m'aimait pas, il n'aimait pas non plus Vallin...

Ce dernier avait voulu croire qu'il aurait pu garder les rênes de la mairie avec Passi, il connaissait son incompétence. Mais Passi ne l'avait pas entendu de cette oreille. Il avait licencié le secrétaire général

Cloarec, trop ami avec Vallin, licencié avec un beau parachute doré (j'en avais parlé avec lui un soir de vœux du maire où on était) et avait embauché un directeur des services, une espèce d'adjudant-chef qui venait de Montluçon... Ce dernier a pris les manettes et les a gardées jusqu'à son départ à la retraite et à l'arrivée de Fuentès. Et Vallin n'avait plus rien à dire...

Ce directeur des services venu de Montluçon, était d'ailleurs mandataire financier de la liste de Passi aux municipales de 2008.

J'étais toujours président du groupe communiste et Vallin avait tenté de me mettre à contribution pour faire plier Passi...

J'avais donc organisé une réunion à trois dans mon bureau et je les ai regardés s'étriper tous les deux. C'était assez comique... Imaginez-vous Vallin prendre Passi par le revers de son veston et le secouer ? C'était le spectacle que j'avais devant moi. Passi n'allait pas faiblir devant moi !

Ça n'a pas fini en pugilat, mais juste par respect pour l'âge...

Je pense à ce vaste bureau qui se trouve au bout de l'aile est de la mairie au rez-de-chaussée. C'était mon bureau pendant de nombreuses années.

Quelques années après 1995, Passi ayant viré sa directrice de cabinet, il avait embauché Ravery...

Un jour j'arrive à la mairie et j'entre dans mon bureau et je vois Ravery assis à ma place.

Je lui demande ce qu'il fait là. Il me répond tout de go que c'était son bureau et m'informe que mes affaires avaient été transférées dans un petit bureau genre cagibi...

J'ai laissé tomber, je n'ai même pas cherché d'histoires...

Vallin, l'ouverture et l'environnement

Curieusement, alors que Vallin était un stalinien pur et dur à l'intérieur du PC, il avait une politique d'ouverture à l'extérieur.

En fait, il appliquait les vieilles directives de l'internationale communiste qui créait des tas d'associations cryptocommunistes, la plus connue étant par exemple le mouvement de la paix, associations qui « attiraient » des non-communistes bons à endoctriner.

Il y avait le mouvement des femmes (je ne sais plus comment ça s'appelait), l'association France-Urss qui comprenait une présidence pléthorique de « personnalités » dont de nombreux gaullistes en souffrance d'indépendance vis-à-vis des USA, l'association France-Rda, etc.

Vallin était président d'une association d'élus qui s'appelait, je crois : Fédération nationale des élus républicains municipaux et cantonaux (FNERMC). Là encore cette association se voulait large avec quelques socialistes et radicaux de gauche.

Mais dès la signature du programme commun, en 1972, et suite au fameux rapport secret de Marchais au comité central qui a avalisé la signature du programme commun, l'orientation avait changé. Il fallait se rassembler sur ses propres valeurs, retrouver les fondamentaux du communisme. Il y a donc eu un conflit entre Vallin et le parti sur cette question des élus communistes. Finalement, Vallin a perdu, le parti a créé une association des élus communistes et républicains... Vallin avait quand même maintenu sa FNERMC pendant quelque temps, mais il a fini par la dissoudre faute d'adhérents.

Je connus bien la création d'un autre genre de ce même type d'association, le MNLE (Mouvement National de Lutte pour l'Environnement) pour y avoir activement participé...

En 1971, toujours dans cette lignée, Vallin avait créé l'association pour la défense de la nature et la lutte contre les pollutions de la vallée du Rhône. Ce machin regroupait des communes riveraines et quelques associations de pêcheurs de Lyon à Montélimar. C'était pour gérer cette association que Vallin m'avait embauché à la mairie de Givors.

À cette époque il avait créé une autre association de communes riveraines, cette fois pour défendre la ligne voyageurs SNCF Givors-Nîmes qui a été fermée faute de voyageurs. C'est la ligne rive droite du Rhône.

J'ai fait un travail considérable dans cette association contre les pollutions : plusieurs colloques de portée nationale, édition du livre blanc de la pollution du Rhône (1981), réalisation de deux films avec Paul Carpita, procès gagnés contre de grands groupes chimiques après des pollutions accidentelles catastrophiques, mise en place d'une station d'alerte à la pollution accidentelle en face de Givors sur la zone de captage de Chasse sur Rhône, etc. J'étais au service des maires des communes adhérentes pour traiter de leurs problèmes d'environnement. Ce que je faisais avec enthousiasme et cela me faisait beaucoup voyager...

Je créai deux autres associations de communes riveraines. En 1976 l'association sud, allant de Montélimar à la mer, présidée par Vincent Porelli, alors député-maire de Port-Saint-Louis du Rhône.

Ce dernier avait perdu ses mandats électifs je ne sais plus quand (dans les années 80) et je lui avais demandé comment ça s'était passé. Il m'avait répondu : « Oh ! quand le comité de section est divisé, cela crée des problèmes... »

En 1980 j'avais créé l'association « amont » qui s'appelait AEVRAMONT, dans un premier temps présidée par Capiévic, maire de Vaulx-en-Velin et ensuite par le maire de Brégnier Cordon, qui était géographe.

Ces trois associations allaient ainsi de la frontière suisse à la mer.

Moi je coordonnais tout ça, avec un maire de droite (celui qui avait battu Porelli) président de l'association sud et un maire socialiste qui présidait l'association « amont »

J'étais toujours en voyage, assistant aux assemblées générales, réunions de bureau de ces trois associations... Sans parler du tournage des films qui nous amenaient partout le long du fleuve.

J'étais devenu un spécialiste. J'ai même travaillé pour la télévision suisse, et souvent, je passais à la télé pour des reportages. J'ai failli participer à l'émission de Polac du samedi soir, mais ma participation avait été annulée, car il avait réussi à faire venir le sénateur Longo qui s'était compromis dans l'affaire des fûts de dioxine qui était le sujet de l'émission... Donc Longo avait pris ma place.

Je fus élu moi-même président de l'association centrale en 1993 jusqu'en 2002 quand j'ai démissionné du conseil municipal. Je me rappelle quand j'ai démissionné j'ai eu affaire à une forte résistance de certains élus notamment du bassin de Roussillon qui ne voulaient pas que je parte. Je les comprenais, d'ailleurs leurs craintes étaient fondées puisque quand je fus parti plus rien ne fonctionna et les associations n'existent plus.

Voilà brièvement résumée l'histoire des associations de la vallée du Rhône. J'ai raconté un peu tout cela dans mon livre « Au fil du Rhône histoires d'écologie » qui eut un franc succès de librairie. [22]

J'en avais fait de véritables associations indépendantes, qui n'avaient plus rien de cryptocommuniste...

Je prends pour exemple le nucléaire. Le PC a toujours été pour le nucléaire civil. Ce sont d'ailleurs des communistes qui l'ont inventé et mis en place en France : Marie Curie, Joliot-Curie, Langevin...

Quand l'enquête publique pour la construction de la centrale de Saint-Maurice l'Exil s'est ouverte, j'ai préparé un dossier avec de nombreuses questions à

---

[22] Publié chez Edilivre

poser sur les problèmes d'environnement. J'ai proposé à Vallin de faire une manifestation publique à Saint- Maurice L'Exil. Cela fut mis en place avec le maire du village.

Quand nous avions annoncé tout cela, Vallin reçut une engueulade du secrétaire de la fédération de l'Isère (département où se trouve la centrale) du PCF sur le thème : « Mêle-toi de ce qui te regarde, chacun chez soi ! » On a quand même fait la manifestation, mais la suite est quand même un peu tombée à l'eau... Du coup, cette centrale doit être la seule qui fonctionne sans tours de refroidissement, elle réchauffe donc allégrement les eaux du fleuve... Bravo les cocos !

Et le MNLE dans tout ça ? Eh bien c'est à partir de cette expérience qu'il fut créé en 1981...

Création du Mouvement National de Lutte pour l'environnement (MNLE)...

En s'appuyant sur notre expérience écologique dans la vallée du Rhône, nous avions proposé à la direction nationale du parti de créer une association de défense de l'environnement. Mais ça ne mordait pas... Toujours ce fameux rapport secret de Marchais suite à la signature du programme commun. Il ne fallait pas perdre son « identité » !

Puis vint la victoire de Mitterrand en 1981.

En interne, les communistes étaient effondrés. En externe, le comité central a appelé à voter Mitterrand entre les deux tours, après une longue litanie contre sa politique... Comprenne qui pourra !

En interne nous avions la directive de faire voter Giscard…

Mais une fois la gauche au pouvoir, l'installation de ministres communistes, le virage fut pris à 180 degrés comme savait si bien le faire la direction stalinienne du parti…

C'était de nouveau la grande union qui ne durera que jusqu'en 1984… une fois les élections municipales passées…

Donc sur cette nouvelle base, la direction accepta de créer cette association.

Je faisais partie de la commission qui l'a créée, la commission « environnement » (on n'utilisait pas encore le mot "écologie") auprès du comité central.

J'en restais membre jusqu'à la fin des années 90…

On a donc créé ce genre d'association avec une présidence collective énorme composée de « personnalités » : le professeur Schwartzenberg, le chanteur Jean Ferrat (qu'on n'a jamais vu dans la moindre réunion…), Alphonse Veronese, secrétaire confédéral de la CGT et des personnalités politiques de premier plan, mais je ne me rappelle plus lesquelles !

Il y avait à côté de ça un secrétaire général qui exerçait la véritable responsabilité…

Elle s'appelle Mouvement National de Lutte pour l'Environnement (MNLE). Elle existe toujours, mais elle devenue ce que j'appelle une « secte bolchévique »…

Plus tard, dans les années 90, alors que cette présidence n'avait plus de réalité (par exemple Schwarzenberg était parti ailleurs…) on a révisé les statuts et on a fonctionné comme une association normale avec un président et un secrétariat national dont je fus membre...

C'est en 1994, que j'eus l'idée de créer les éditions Naturellement à partir du MNLE. J'ai eu diverses responsabilités « importantes » au MNLE : président du conseil scientifique, directeur de la revue Naturellement. Je sillonnais la France pour participer à des réunions, apporter des conseils aux élus, gérer des enquêtes publiques et des conflits environnementaux...

Le PCF m'envoyait aussi parfois en mission...

Camille Vallin est décédé en août 2009. Lors de la cérémonie pour lui rendre l'hommage qu'il mérite j'ai été agressé par un individu qui pensait que la mémoire en l'honneur de Vallin lui appartenait.

J'avais pourtant publié un hommage personnel à Camille dans lequel je lui rendais hommage en tant qu'homme public, bien sûr, mais aussi en tant qu'ami personnel.

Oui nous étions amis.

Nos chemins se sont séparés, mais cette amitié est toujours présente dans mon cœur, même si, après ma rupture avec le PCF, son attitude, mais peut-être aussi la mienne, n'a pas toujours été très amicale.

La vie n'est pas un long fleuve tranquille.

Terminé le 11 avril 2019, jour du rendu du délibéré de la Cour d'Appel de Lyon condamnant M. Passi et M. Goux.

Tables des matières